Bescherelle

Anglais collège

niveaux A1 → B1 du CECRL

Sylvie Collard-Rebeyrolle
Agrégée de l'Université
Professeur au collège Paul Verlaine à Faulquemont (57)

Jeanne-France Bignaux
Agrégée de l'Université
Professeur au lycée Alfred Kastler à Cergy (95)

Wilfrid Rotgé
Agrégé de l'Université
Professeur de linguistique anglaise à l'université
Paris Sorbonne

Hatier

Mode d'emploi

Sont réunis dans cet ouvrage tous les outils pour progresser en anglais au collège (niveaux A1 → B1 du CECRL).

La grammaire

Les points clés de la grammaire du collège expliqués en 38 chapitres. Chaque point abordé est numéroté.

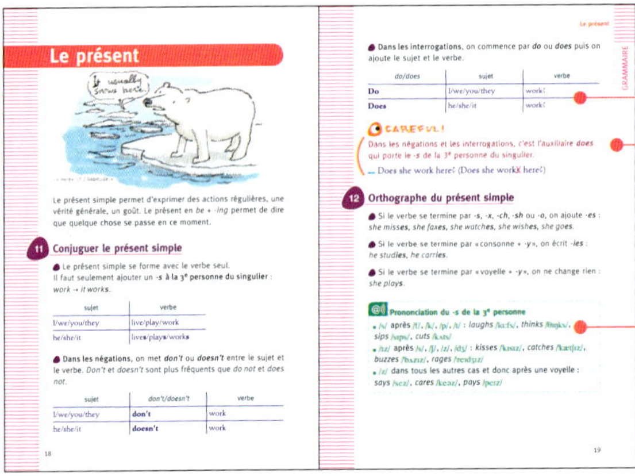

Le présent

Le présent simple permet d'exprimer des actions régulières, une vérité générale, un goût. Le présent en *be* + *-ing* permet de dire que quelque chose se passe en ce moment.

11 Conjuguer le présent simple

- Le présent simple se forme avec le verbe seul. Il faut seulement ajouter un **-s à la 3e personne du singulier** : *work* → *it works*.

sujet	verbe
I/we/you/they	live/play/work
he/she/it	lives/plays/works

- **Dans les négations**, on met ***don't*** ou ***doesn't*** entre le sujet et le verbe. *Don't* et *doesn't* sont plus fréquents que *do not* et *does not*.

sujet	don't/doesn't	verbe
I/we/you/they	**don't**	work
he/she/it	**doesn't**	work

18

Le présent

- **Dans les interrogations**, on commence par ***do*** ou ***does*** puis on ajoute le sujet et le verbe.

do/does	sujet	verbe
Do	I/we/you/they	work?
Does	he/she/it	work?

CAREFUL!
Dans les négations et les interrogations, c'est l'auxiliaire ***does*** qui porte le -*s* de la 3e personne du singulier.
– Does she work here? (Does she work~~s~~ here?)

12 Orthographe du présent simple

- Si le verbe se termine par *-s*, *-x*, *-ch*, *-sh* ou *-o*, on ajoute ***-es*** : *she misses, she faxes, she watches, she wishes, she goes.*
- Si le verbe se termine par « consonne + *-y* », on écrit ***-ies*** : *he studies, he carries.*
- Si le verbe se termine par « voyelle + *-y* », on ne change rien : *she plays.*

Prononciation du -s de la 3e personne
- /s/ après /f/, /k/, /p/, /t/ : *laughs* /lɑːfs/, *thinks* /θɪŋks/, *sips* /sɪps/, *cuts* /kʌts/
- /ɪz/ après /s/, /ʃ/, /z/, /dʒ/ : *kisses* /kɪsɪz/, *catches* /kætʃɪz/, *buzzes* /bʌzɪz/, *rages* /reɪdʒɪz/
- /z/ dans tous les autres cas et donc après une voyelle : *says* /sez/, *cares* /keəz/, *pays* /peɪz/

19

Des **tableaux** et des **schémas** pour comprendre et mémoriser

La rubrique **Careful!** pour éviter les erreurs fréquentes

La **prononciation** des mots grammaticaux

Dans la marge, un bandeau rayé clair distingue le niveau 6e (A1-A1+) du niveau 5e, 4e, 3e (A2-B1) marqué par un bandeau plus dense.

Conception graphique et réalisation : Anne Gallet - **Illustrations** : Henri Fellner

© Hatier, Paris, juin 2015 ISSN 2101-1249 ISBN 978-2-218-98753-3

Le vocabulaire

Le vocabulaire du collège **classé** par thèmes, **mis en contexte** et **illustré**. Chaque liste est numérotée.

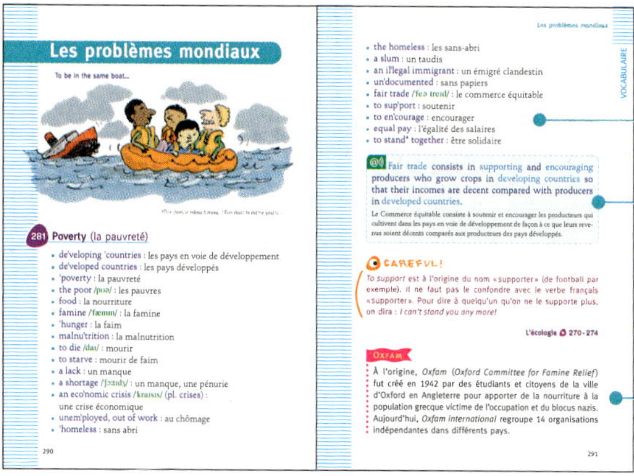

Les problèmes mondiaux

To be in the same boat...

281 Poverty (la pauvreté)

- de'veloping 'countries : les pays en voie de développement
- de'veloped countries : les pays développés
- 'poverty : la pauvreté
- the poor /pʊə/ : les pauvres
- food : la nourriture
- famine /'fæmɪn/ : la famine
- 'hunger : la faim
- malnu'trition : la malnutrition
- to die /daɪ/ : mourir
- to starve : mourir de faim
- a lack : un manque
- a shortage /'ʃɔːtɪdʒ/ : un manque, une pénurie
- an eco'nomic crisis /'kraɪsɪs/ (pl. crises) : une crise économique
- unem'ployed, out of work : au chômage
- 'homeless : sans abri

290

Les problèmes mondiaux

VOCABULAIRE

- the homeless : les sans-abri
- a slum : un taudis
- an il'legal immigrant : un émigré clandestin
- un'documented : sans papiers
- fair trade /feə treɪd/ : le commerce équitable
- to sup'port : soutenir
- to en'courage : encourager
- equal pay : l'égalité des salaires
- to stand* together : être solidaire

@)) Fair trade consists in supporting and encouraging producers who grow crops in developing countries so that their incomes are decent compared with producers in developed countries.

Le Commerce équitable consiste à soutenir et encourager les producteurs qui cultivent dans les pays en voie de développement de façon à ce que leurs revenus soient décents comparés aux producteurs des pays développés.

CAREFUL!

To support est à l'origine du nom «supporter» (de football par exemple). Il ne faut pas le confondre avec le verbe français «supporter». Pour dire à quelqu'un qu'on ne le supporte plus, on dira : *I can't stand you any more!*

L'écologie 270-274

OXFAM

À l'origine, *Oxfam* (*Oxford Committee for Famine Relief*) fut créé en 1942 par des étudiants et citoyens de la ville d'Oxford en Angleterre pour apporter de la nourriture à la population grecque victime de l'occupation et du blocus nazis. Aujourd'hui, *Oxfam international* regroupe 14 organisations indépendantes dans différents pays.

291

Les listes de mots avec leur phonétique si nécessaire

Des documents sonores pour les entendre en contexte

Des focus de civilisation sur le thème abordé

Chaque chapitre de grammaire et de vocabulaire se termine par des **exercices corrigés et commentés.**

En fin d'ouvrage

Les règles de **prononciation**

La liste des **verbes irréguliers**

Un **index** pour retrouver facilement le point recherché

@)) **Tous les paragraphes signalés par ce pictogramme renvoient à des fichiers audio accessibles aux utilisateurs de l'ouvrage sur le site www.bescherelle.com.**

Sommaire

Grammaire

Les numéros renvoient aux paragraphes.

LE VERBE

LE NOM

LA PHRASE

Vocabulaire

Annexes

Alphabet phonétique

Voyelles brèves		Voyelles longues	
/ɪ/	big, pig, which, England	/iː/	beach, see, sea, believe
/e/	bed, pen, hen, said	/ɑː/	car, father, dance
/æ/	cat, hat, map	/ɔː/	pork, walk, more, taught, thought, law
/ɒ/	dog, got	/uː/	two, moon, too, whose, rule
/ʊ/	good, would	/ɜː/	bird, work, heard
/ʌ/	mug, bus, duck, luck, does		
/ə/	pizza, gorilla, America, an, about		

Diphtongues		Consonnes	
/eɪ/	cake, snake, mail, make	/θ/	thank, thing
/aɪ/	cry, five, while, might	/ð/	mother, this
/ɔɪ/	boy, toy	/z/	zebra, dogs
/əʊ/	goat, hope, note, ago, don't, those	/ʃ/	sugar, shoes, shall
/aʊ/	brown, cow, now, house, hour, about, down	/ʒ/	beige, treasure
/ɪə/	dear, year, here, hear	/tʃ/	children, teacher, choose
/eə/	hair, chair, bear, there, rare	/dʒ/	job, jeans, just
/ʊə/	poor, sure, tour	/ŋ/	English, singing
		/j/	yes, yellow, uniform, yet

Le signe /ˈ/ indique l'accent principal du mot.

Abréviations et symboles

V : verbe
V-*ing* : verbe + *-ing*
pl. : pluriel
adj. : adjectif
Ø : article zéro

≠ : différent de
sb : *somebody*
qqn : quelqu'un
sth : *something*
qqch. : quelque chose

indén. : indénombrable
inv. : invariable
(GB) : anglais britannique
(US) : anglais américain
fam. : familier

Dans les listes, le masculin est utilisé comme genre grammaticalement neutre.

L'astérisque * signale les verbes irréguliers.

Grammaire

Be

Be peut s'employer comme un verbe ordinaire, et dans ce cas il se traduit souvent par « être ». Comme auxiliaire, il permet de former le présent et le prétérit en *be* + *-ing* ainsi que le passif.

1 Conjuguer *be*

Conjuguer *be* au présent

	I	he/she/it	we/you/they
affirmation	I'**m** I **am**	it'**s** it **is**	we'**re** we **are**
négation	I'**m not** I **am not**	he **isn't** he **is not**	you **aren't** you **are not**
interrogation	**Am** I?	**Is** it?	**Are** they?

Prononciation de *be* au présent

- ***am*** : /əm/, mais /æm/ en fin de phrase
  - I am /əm/ tired. I really am /æm/.
    Je suis fatigué. Je le suis vraiment.
- ***are*** : /ə/, mais /ɑː/ en fin de phrase
  - You are /ə/ too young. You really are /ɑː/.
    Tu es trop jeune. Tu l'es vraiment.
- ***is*** : /s/, /z/ ou /ɪz/, mais toujours /ɪz/ en fin de phrase
  - It's /s/ cold. It really is /ɪz/.
    Il fait froid. Vraiment froid.

Conjuguer *be* au prétérit

	I/he/she/it	we/you/they
affirmation	I **was**	we **were**
négation	he **wasn't** he **was not**	you **weren't** you **were not**
interrogation	**Was** it?	**Were** they?

Prononciation de *be* au prétérit

- ***was*** : /wəz/, mais /wɒz/ en fin de phrase
  - She was /wəz/ nice. She really was /wɒz/.
    Elle était sympa. Vraiment sympa.
- ***were*** : /wə/, mais /wɜː/ en fin de phrase
  - They were /wə/ excellent. They really were /wɜː/.
    Ils étaient excellents. Ils l'étaient vraiment.

Les formes contractées *(I'm, I wasn't...)* sont plus fréquentes que les formes pleines *(I am, I was not...)*. À la forme négative, on rencontre aussi *'s not* à la place *isn't* et *'re not* à la place de *aren't*.

2 Employer le verbe *be*

On emploie *be* comme le verbe « être ».

- "Hi Josh. Where **are** you?" "I'**m** in New York."
  « Salut, Josh. Où es-tu ? – Je suis à New York. »
- I **was** ill last night, but my parents **were** at home.
  J'étais malade hier soir, mais mes parents étaient à la maison.

CAREFUL!

Parfois on emploie *be* en anglais là où on emploie « avoir » en français : « avoir » est suivi d'un nom et *be* d'un adjectif.

- I'**m** hungry but I'**m** not thirsty.
  J'ai faim mais je n'ai pas soif.
- We **are** 15 (years old).
  Nous avons 15 ans.
- **Are** you cold?
  As-tu froid ?
- She **is** right.
  Elle a raison.

Parfois, *be* ne se traduit ni par « être », ni par « avoir ».

- I'**m** Kelly.
  Je **m'appelle** Kelly.
- "How **are** you?" "I'**m** fine, and you?"
  « Comment **vas**-tu ? – Je **vais** bien, et toi ? »
- It'**s** cold!
  Il **fait** froid !

3 *There is/There are* : « il y a »

On emploie ***there is/there are*** pour dire « il y a quelque chose ou quelqu'un ». La forme contractée de *there is* est *there's*.

- *There* ***is*** est suivi d'un nom **singulier**. *There* ***are*** est suivi d'un nom **pluriel**.

— **There is** a bridge near the station.
Il y a un pont près de la gare.
— **There are** twenty pupils in this class.
Il y a vingt élèves dans cette classe.

- On emploie *there was/there were* pour parler du passé.

— **There were** twenty pupils in my class.
Il y avait vingt élèves dans ma classe.

- On emploie *there will be* pour parler de l'avenir.

— **There will be** a lot of people in the stadium.
Il y aura beaucoup de monde dans le stade.

- « Il pourrait y avoir » se dit *there could be* et « il devrait y avoir » *there should be*.

— **There could be** more than eight planets.
Il pourrait y avoir plus de huit planètes.
— **There should be** more people.
Il devrait y avoir plus de monde.

4 Employer l'auxiliaire *be*

- *Be* auxiliaire sert à former le présent et le prétérit en *be + -ing* (▸ 15 et 24). Dans ce cas, il ne signifie pas « être » ou « exister ».

- *Be* auxiliaire sert aussi à former le passif (▸ 38), comme « être » en français.

GRAMMAIRE

Training

1 Utilise *be* à la forme qui convient, contractée quand c'est possible, puis pleine.

I ... not Irish. → I'm not Irish. I am not Irish.

1. We ... not in London. We ... in Miami for a week!
2. I ... French and they ... American. But they ... not from New York.
3. Laurie ... not at home. ... she with her friend Giovanni?
4. Yesterday, she ... tired. She ... not in her office.
5. Yesterday, I ... with my cousins. But we ... not in their house.

2 Traduis.

1. J'ai froid, j'ai soif, j'ai très faim mais je suis heureux d'être avec toi.
2. Est-ce qu'elle a raison ?
3. Elle a vingt ans.
4. Je ne comprends pas. Il y a cinq chaises, mais il y avait six personnes ! Et demain il y aura huit invités (*guests*) !

1 1. We aren't **ou** We're not (are not) – we're (we are) 2. I'm (I am) – they're (they are) – they aren't **ou** they're not (are not) 3. Laurie isn't (is not) – Is she 4. she was – She wasn't (was not) 5. I was – we weren't (were not)

2 1. I'm (I am) cold, I'm thirsty, I'm very hungry but I'm happy to be with you. 2. Is she right? 3. She's (is) twenty 4. I don't understand. There are five chairs, but there were six people! And tomorrow there will be eight guests!

«J'ai 15 ans. Je m'appelle Laura.» «Je m'appelle Fifi, je ne suis pas un chat.»

Have

Have peut s'employer comme un verbe ordinaire et dans ce cas il se traduit souvent par « avoir ». Comme auxiliaire, il permet de former le *present perfect* et le *pluperfect*. La conjugaison **n'est pas la même** dans les deux cas.

5 Employer le verbe *have* au présent

- Pour dire « avoir », « posséder », on peut employer ***have***.

— We **have** one house and two cars.
Nous avons une maison et deux voitures.

- Quand *have* signifie « avoir », « posséder », il se conjugue comme un verbe ordinaire, avec ***do***.

	I/we/you/they	he/she/it
affirmation	You **have** a bike. Tu as un vélo.	She **has** a brother. Elle a un frère.
négation	You **don't have** a bike. Tu n'as pas de vélo.	She **doesn't have** a brother. Elle n'a pas de frère.
interrogation	**Do** you **have** a bike? Est-ce que tu as un vélo ?	**Does** she **have** a brother? Est-ce qu'elle a un frère ?

- *Have* a parfois un autre sens : *have lunch/dinner* (déjeuner/dîner), *have fun* (s'amuser), *have a bath/a shower* (prendre un bain/une douche). Dans ces expressions, *have* se conjugue aussi avec *do*.

— **Do** you **have** a bath every morning?
Tu prends un bain tous les matins?

6 Employer *have got*

- Pour dire « avoir », « posséder » **au présent**, on peut aussi employer ***have got***.

— We'**ve got** one house and two cars.
Nous avons une maison et deux voitures.

● *Have* dans *have got* se conjugue comme un auxiliaire, sans ***do***.

	I/we/you/they	he/she/it
affirmation	You**'ve** (have) **got** a bike. Tu as un vélo.	She**'s** (has) **got** a brother. Elle a un frère.
négation	You **haven't got** a bike. Tu n'as pas de vélo.	She **hasn't got** a brother. Elle n'a pas de frère.
interrogation	**Have** you **got** a bike? Est-ce que tu as un vélo ?	**Has** she **got** a brother? Est-ce qu'elle a un frère ?

● *'s got* et *hasn't got* sont plus fréquents que *has got* et *has not got*. À la forme négative, on rencontre aussi *'ve not got* à la place de *haven't got* et *'s not got* à la place de *hasn't got*.

7 Employer le verbe *have* au prétérit

Have got ne s'emploie **qu'au présent**. Au passé, il faut utiliser ***had*** et non *had got*.

	I/he/she/it/we/you/they
affirmation	They **had** a dog. Ils avaient un chien.
négation	They **didn't have** a dog. Ils n'avaient pas de chien.
interrogation	**Did** they **have** a dog? Est-ce qu'ils avaient un chien?

8 Employer l'auxiliaire *have*

Have auxiliaire suivi du participe passé sert à former le *present perfect* et le *pluperfect* (▶ 26 et 35). Dans ce cas, il ne signifie pas « avoir », « posséder ».

– I **have** already **mentioned** it.
Je l'ai déjà mentionné.

Training

1 **Relie les mots suivants à l'aide de *have got* à la forme contractée (quand c'est possible).**

1. Rex ... four bones.
2. He ... a nice doghouse.
3. I ... a lot of friends.
4. You ... plenty of time.

2 **Mets les phrases 1 et 4 à la forme négative, puis interrogative.**

3 **Utilise le verbe *have* à la forme qui convient.**

Yesterday, Rex ... four bones. As he ... three friends, they ... one bone each. They ... (not) a lot of time, so they ate rapidly. ... they ... a good time? I think so. They always ... fun together.

1 1. Rex has got four bones. 2. He's got (has got) a nice doghouse. 3. I've got (have got) a lot of friends. 4. You've got (have got) plenty of time.

2 1. Rex hasn't got (has not got) four bones. Has Rex got four bones? 4. You haven't got (have not got) plenty of time. Have you got plenty of time?

3 Yesterday, Rex had four bones. As he's got (has got) three friends **ou** As he has three friends, they had one bone each. They didn't have (did not have) a lot of time, so they ate rapidly. Did they have a good time? I think so. They always have fun together.

On n'emploie ***have got*** qu'au présent.

« Tu prends un bain tous les matins ? »

Do

Do peut s'employer comme un verbe ordinaire et dans ce cas il se traduit souvent par « faire ». Mais il est surtout employé comme auxiliaire dans les négations et les interrogations.

9 Employer l'auxiliaire *do*

- *Do* s'emploie comme auxiliaire au présent dans les négations ou les interrogations (▶ 11). Dans ce cas, *do* n'a pas un sens particulier.

- L'ordre est « *do* + *not* + verbe » dans les négations. L'ordre est « *do* + sujet + verbe » dans les interrogations.

	I/we/you/they	he/she/it
affirmation	I love him. Je l'aime.	He loves me. Il m'aime.
négation	You **don't** love him. Tu ne l'aimes pas.	She **doesn't** love me. Elle ne m'aime pas.
interrogation	**Do** they love him? Est-ce qu'ils l'aiment ?	**Does** he love me? Est-ce qu'il m'aime ?

- *Don't* et *doesn't* sont plus fréquents que *do not* et *does not*.

@)) Prononciation de *do*

- "Do /dʊ/ you go out a lot?" "No, I don't /dəʊnt/."
  « Est-ce que tu sors beaucoup ? – Non. »
- "Does /dʌz/ Laurie know John?" "No, she doesn't /dʌznt/."
  « Est-ce que Laurie connaît John ? – Non. »

● Au prétérit (▶ 18), on utilise ***did***.

	I/he/she/it/we/you/they
affirmation	Jo married Luke. Jo a épousé Luke.
négation	Jo **didn't** marry Luke. Jo n'a pas épousé Luke.
interrogation	**Did** Jo marry Luke? Est-ce que Jo a épousé Luke ?

● *Didn't* est plus fréquent que *did not*.

● *Do* auxiliaire peut aussi être utilisé pour **insister** sur ce que l'on dit. On parle de l'emploi « emphatique » de *do*. Dans ce cas, *do* est accentué à l'oral.

- I like your shirt.
  J'aime ta chemise.
  I do like your shirt.
  J'aime beaucoup ta chemise.
- I told you.
  Je te l'avais dit.
  I did tell you.
  Je te l'avais bien dit.

CAREFUL!

On n'utilise pas « *do* emphatique » s'il y a déjà un auxiliaire.

- I've sent her a postcard.
  Je lui ai envoyé une carte postale.
- I have sent her a postcard.
  Je lui ai bien envoyé une carte postale.

10 Employer le verbe *do*

● On peut aussi employer *do* comme verbe ordinaire au sens de « faire ». Quand *do* signifie « faire », il se conjugue… avec *do*.

	I/we/you/they	he/she/it
affirmation	They **do** crosswords. Ils font des mots croisés.	He **does** crosswords. Il fait des mots croisés.
négation	They **don't do** crosswords. Ils ne font pas de mots croisés.	He **doesn't do** crosswords. Il ne fait pas de mots croisés.
interrogation	**Do** they **do** crosswords? Est-ce qu'ils font des mots croisés ?	**Does** he **do** crosswords? Est-ce qu'il fait des mots croisés ?

● Il faut retenir ces expressions courantes avec *do* : *do an exam* (passer un examen), *do exercises* (faire des exercices), *do the housework* (faire le ménage), *do the washing-up* (faire la vaisselle)...

– Did you do the washing-up?
  Tu as fait la vaisselle ?
– They are doing their homework.
  Ils font leurs devoirs.

Mais on dit : *make a cake* (faire un gâteau), *make the bed* (faire le lit), *make a mistake* (faire une erreur), *make a noise* (faire du bruit), *make some tea* (faire du thé).

Training

1 Transforme les phrases en fonction des indications données entre parenthèses : (–) forme négative, (?) forme interrogative.

1. We play tennis. (–)
2. They go to the cinema every Sunday. (?)
3. Frank prefers tea to coffee. (?)
4. Linda drives to work. (–)

2 Traduis.

Au téléphone...
« Que fais-tu ?
– Je fais du thé, et toi ?
– Je ne fais pas grand-chose (*not/do much*). Je vais faire un gâteau. Ensuite, je ferai mes devoirs. »

1 1. We don't (do not) play tennis. 2. Do they go to the cinema every Sunday? 3. Does Frank prefer tea to coffee? 4. Linda doesn't (does not) drive to work.

2 "What are you doing?" "I'm making some tea. And you?" "I'm not doing much. I'm going to make a cake. Then I'll do my homework."

Le présent

« Il neige ici d'habitude. »

Le présent simple permet d'exprimer des actions régulières, une vérité générale, un goût. Le présent en *be* + *-ing* permet de dire que quelque chose se passe en ce moment.

11 Conjuguer le présent simple

● Le présent simple se forme avec le verbe seul.
Il faut seulement ajouter un **-*s* à la 3e personne du singulier** : *work* → *it work***s**.

sujet	verbe
I/we/you/they	live/play/work
he/she/it	live**s**/play**s**/work**s**

● **Dans les négations**, on met ***don't*** ou ***doesn't*** entre le sujet et le verbe. *Don't* et *doesn't* sont plus fréquents que *do not* et *does not*.

sujet	*don't/doesn't*	verbe
I/we/you/they	**don't**	work
he/she/it	**doesn't**	work

● **Dans les interrogations,** on commence par ***do*** ou ***does*** puis on ajoute le sujet et le verbe.

do/does	sujet	verbe
Do	I/we/you/they	work?
Does	he/she/it	work?

CAREFUL!

Dans les négations et les interrogations, c'est l'auxiliaire ***does*** qui porte le **-*s*** de la 3e personne du singulier.

– Does she work here? (Does she work~~s~~ here?)

12 Orthographe du présent simple à la 3e personne

● Si le verbe se termine par ***-s***, ***-x***, ***-ch***, ***-sh*** ou ***-o***, on ajoute ***-es*** : *she miss**es**, she fax**es**, she watch**es**, she wish**es**, she go**es**.*

● Si le verbe se termine par « consonne + ***-y*** », on écrit ***-ies*** : *he stud**ies**, he carr**ies**.*

● Si le verbe se termine par « voyelle + ***-y*** », on ne change rien : *she play**s**.*

Prononciation du -*s* de la 3e personne

- /s/ après /f/, /k/, /p/, /t/ : *laughs* /lɑːfs/, *thinks* /θɪŋks/, *sips* /sɪps/, *cuts* /kʌts/
- /ɪz/ après /s/, /ʃ/, /z/, /dʒ/ : *kisses* /ˈkɪsɪz/, *catches* /ˈkætʃɪz/, *buzzes* /ˈbʌzɪz/, *rages* /ˈreɪdʒɪz/
- /z/ dans tous les autres cas et donc après une voyelle : *says* /sez/, *cares* /keəz/, *pays* /peɪz/

13 Employer le présent simple

On emploie le présent simple pour décrire des **actions régulières.** On le rencontre donc souvent avec les adverbes ***always*** (toujours), ***never*** (jamais), ***sometimes*** (parfois), ***often*** (souvent), ***usually*** (d'habitude).

- I **always sleep** on the train.
  Je dors toujours dans le train.

On emploie aussi le présent simple pour décrire une situation (plus ou moins) **permanente.**

- I **live** in New Jersey but I **go** to school in New York.
  J'habite dans le New Jersey mais je vais à l'école à New York.

On l'emploie pour exprimer une **vérité générale.**

- Cats **live** longer than mice.
  Les chats vivent plus longtemps que les souris.

On l'emploie pour exprimer une **opinion,** une **volonté** ou un **goût.**

- I **think** they understand. [opinion]
  Je crois qu'ils comprennent.
- She **wants** a new video game. [volonté]
  Elle veut un nouveau jeu vidéo.
- I **like** sweets but I **prefer** cakes. [goût]
  J'aime bien les bonbons mais je préfère les gâteaux.

14 Autres emplois du présent simple

On raconte parfois les histoires au présent simple.

- A bear **walks** into a bar and **orders** some honey and then…
  Un ours entre dans un bar et commande du miel et ensuite…

On trouve aussi le présent simple dans les titres de journaux.

- Mayor **opens** new school.
  Le maire inaugure la nouvelle école.

When **+ présent ▶ 153**

15 Conjuguer le présent en *be + -ing*

- Le présent en *be* + *-ing* se forme avec *be* au présent suivi du verbe + *-ing* : *work* → *I'**m** work**ing***.

	I	he/she/it	we/you/they
affirmation	I'**m** working I **am** working	she'**s** working she **is** working	we'**re** working we **are** working
négation	I'**m not** working I **am not** working	he **isn't** working he **is not** working	they **aren't** working they **are not** working
interrogation	**Am** I working?	**Is** he working?	**Are** they working?

- À la forme négative, on rencontre aussi *'re not* à la place de *aren't* et *'s not* à la place de *isn't*.

16 Orthographe du présent en *be + -ing*

- Verbes qui se terminent par *-e* + *-ing* → *-~~e~~ing* :
come → ***com**ing*, *drive* → ***driv**ing*, *make* → ***mak**ing*.

- Verbes qui se terminent par *-ie* + *-ing* → *-ying :*
lie → ***ly**ing*, *die* → ***dy**ing*.

- Verbes d'une syllabe avec « consonne + voyelle + consonne » → on double la consonne finale :
win → *wi**nn**ing*, *stop* → *sto**pp**ing*.

- Verbes de plus d'une syllabe.

Si la dernière syllabe est en « consonne + voyelle + consonne » et si elle est accentuée, on double la consonne finale :
*pre**fer*** (*-fer* est accentué) → *prefe**rr**ing*, *be**gin*** → *begi**nn**ing*.

Mais si la dernière syllabe n'est pas accentuée, on ne double pas la consonne finale :
*re**mem**ber* → *remembering*, ***vis**it* → *visi**t**ing*.

17 Employer le présent en *be + -ing*

- On emploie le présent en *be + -ing* pour dire qu'une action ou un fait est **en cours** au moment où on parle.

– "What **are** you **doing**, Sam?" "I'**m writing** an essay."
« Qu'est-ce que tu fais, Sam ? – Je suis en train d'écrire une rédaction. »

- Le présent en *be + -ing* s'utilise souvent pour parler de l'avenir (▸ 60).

– Tomorrow is Saturday. So, I'**m not going** to school!
On est samedi demain. Donc, je ne vais pas à l'école !

CAREFUL!

Certains verbes, qui expriment un goût, une opinion, un savoir, une volonté, ne s'emploient presque jamais avec *be + -ing* : *agree* (être d'accord), *believe* (croire), *hate* (détester), *know* (savoir), *like*, *love* (aimer), *prefer* (préférer), *remember* (se souvenir), *seem* (sembler), *think* (penser), *understand* (comprendre), *want* (vouloir), *wish* (souhaiter).

– I **think** they **understand**.
(I'~~m thinking~~ they'~~re understanding~~.)
Je crois qu'ils comprennent.

- Parfois, on emploie le présent en *be + -ing* pour dire que quelque chose est temporaire.

– I'**m taking** the bus to school this week, because my bike is broken.
Je vais à l'école en bus cette semaine parce que mon vélo est cassé.

- Certains verbes changent de sens selon qu'ils sont au présent simple ou en *be + -ing*.

– I **think** I know them.
Je crois que je les connais. [*think* : croire]

– What **are** you **thinking**, Martin?
À quoi penses-tu, Martin ? [*think* : penser à, réfléchir]

Training

1 Reconstitue des phrases négatives à partir des mots proposés.

chocolates/like/Sandra → Sandra doesn't like chocolates.

1. am/a letter/writing/I/to Aunt Laura
2. to London/go/They/often
3. enjoying/My friends/the film/are
4. usually/We/by car/travel
5. to tennis/baseball/prefer/She

2 Emploie le présent simple ou le présent en *be* + *-ing*.

1. What ... you ... (do) here? Your parents ... (wait) for you at the cafeteria.
2. "What ... you ... (do) for a living?" "I ... (work) as an accountant, but right now I ... (enjoy) a nice cup of tea and I ... (not/wish) to be disturbed."

1 1. I'm not writing a letter to Aunt Laura. 2. They don't often go to London. 3. My friends aren't enjoying the film. 4. We don't usually travel by car. 5. She doesn't prefer baseball to tennis.
2 1. What are you doing here? Your parents are waiting for you at the cafeteria.
2. "What do you do for a living?" "I work as an accountant, but right now I'm enjoying a nice cup of tea and I don't wish to be disturbed."

«Je suis en train d'écrire une rédaction.»

Le prétérit

Le prétérit simple est le temps le plus employé pour parler du passé. C'est le temps du récit. Il signale une rupture avec le présent. Avec le prétérit en *be* + *-ing*, on parle d'une action en cours à un moment du passé.

18 Conjuguer le prétérit simple

● Le prétérit simple se forme en ajoutant ***-ed*** **à toutes les personnes** pour les verbes réguliers : *work* → *I work**ed***.

sujet	verbe
I/he/she/it/we/you/they	liv**ed**/play**ed**/work**ed**

● Si le verbe se termine par ***-e***, on ajoute seulement ***-d*** : *like* → *like**d***.

● Si on a « consonne + ***y*** », ***y*** devient ***-i*** : *cry* → *cr**i**ed*.

Prononciation de *-ed*

- /t/ après /f/, /k/, /p/, /s/ et /ʃ/ : *laughed* /lɑːft/, *parked* /pɑːkt/, *jumped* /dʒʌmpt/, *kissed* /kɪst/, *crashed* /kræʃt/
- /ɪd/ après /t/ et /d/ : *wanted* /ˈwɒntɪd/, *invaded* /ɪnˈveɪdɪd/
- /d/ après les autres consonnes et après toutes les voyelles : *opened* /ˈəʊpənd/, *played* /pleɪd/

Attention : *said* se prononce /sed/ et non /~~seɪd~~/.

● Certains prétérits sont **irréguliers** : *see* (infinitif) → ***saw*** (prétérit). Dans les tableaux des verbes irréguliers (▶ page 330), le prétérit est donné dans la 2e colonne.

● Dans **les négations**, on met ***didn't*** entre le sujet et le verbe. *Didn't* est plus fréquent que *did not*.

sujet	*didn't*	verbe
I/he/she/it/we/you/they	**didn't**	work

● Dans **les interrogations**, on commence par ***did*** puis on ajoute le sujet et le verbe.

did	sujet	verbe
Did	I/he/she/it/we/you/they	work?

CAREFUL!

On emploie *didn't* dans les négations et *did* dans les interrogations **pour tous les verbes**, réguliers et irréguliers. Attention à **ne pas conjuguer le verbe après *didn't* ou *did*.**

- They went… They didn't **go**…
- They worked. Did they **work**? (Did they ~~worked~~?)

19 Employer le prétérit simple

● On utilise le prétérit simple pour décrire un fait ou une action appartenant au passé. Ce fait ou cette action est **coupé du présent**.

- My granddad **loved** sport when he **was** young.
  Mon grand-père adorait le sport quand il était jeune.

● Le prétérit simple est le temps du **récit** au passé. Il est souvent employé avec une **date** ou un **moment temporel précis.**

- William the Conqueror **defeated** the Anglo-Saxons in 1066 and **invaded** England. He **became** the first Norman King of England.
  Guillaume le Conquérant a battu les Anglo-Saxons en 1066 et a envahi l'Angleterre. Il est devenu le premier roi d'Angleterre normand.

20 Le prétérit simple avec *ago*

● « Durée + *ago* » se traduit par « il y a + durée ».

four years **ago**
il y a quatre ans

six weeks **ago**
il y a six semaines

CAREFUL!

Il ne faut pas confondre « il y a + durée » (*ago*) et « il y a quelque chose ou quelqu'un » (*there is* ▸ 3).

- I saw them in New York six weeks **ago**.
  Je les ai vus à New York il y a six semaines.
- **There were** many people.
  Il y avait beaucoup de monde.

● *Ago* est toujours accompagné du prétérit. Il ne faut **jamais** employer le *present perfect* avec *ago* !

- I **talked** to Robin two weeks **ago**.
  (I ~~have talked~~ to Robin two weeks ago.)
  J'ai parlé à Robin il y a deux semaines.

● La question correspondante commence par ***how long ago*** (il y a combien de temps ?).

- How long ago **did** you **talk** to him?
  Il y a combien de temps que tu lui as parlé ?

21 Le prétérit simple avec *for* + durée

« *For* + durée » employé avec le prétérit se traduit par « pendant ». La question correspondante commence par ***how long*** (combien de temps ?).

- "How long **did** you **live** in Chicago?" "We **lived** there **for** eight years."
  « Combien de temps avez-vous vécu à Chicago ? – Nous y avons vécu pendant huit ans. »

22 Le prétérit simple avec *if* et *wish*

Après *if* et *wish*, le prétérit ne renvoie pas au passé.
Il décrit une **situation hypothétique**.

● « *If* + prétérit » exprime une condition et correspond à « si + imparfait ».

– We would help you if we **were** with you.
On t'aiderait si on était avec toi.

– If you **tried** again you would succeed.
Si tu essayais à nouveau, tu réussirais.

● « *What if...* + prétérit » exprime une suggestion (Et si...).

– **What if** you **talked** to your parents?
Et si tu parlais à tes parents ?

● « *If only...* + prétérit » (Si seulement...) et « *wish* + prétérit » (souhaiter que) expriment un souhait. Mais on peut aussi traduire par « regretter + verbe négatif ».

– If only **I had** more time!
Si seulement j'avais plus de temps ! (Je regrette de ne pas avoir plus de temps.)

– I wish you **were** here.
J'aimerais que tu sois là. (Je regrette que tu ne sois pas là.)

On peut employer *were* à la place de *was* après *if* et *wish*.

– If I **were** you, I wouldn't go.
Si j'étais toi, je n'irais pas.

– I wish I **were** rich. (I wish I was rich.)
J'aimerais être riche.

23 *Used to* + verbe

● « ***Used to*** + verbe » décrit des habitudes ou des faits passés. On le traduit souvent par « avant + imparfait ».

– We **used to** work here. Now we're retired. [habitude passée]
On travaillait ici avant. Maintenant, on est à la retraite.

● À la forme négative, on emploie *didn't use to* (parfois *didn't used to*).

– I **used to** be rich, but I **didn't use to** be happy. [fait passé]
Avant j'étais riche, mais je n'étais pas heureux.

24 Conjuguer le prétérit en *be + -ing*

Le prétérit en *be* + *-ing* se forme avec *be* au prétérit (▶ 1) suivi du verbe + *-ing* : *work* → *I **was** work**ing***.

	I/he/she/it	we/you/they
affirmation	I **was** work**ing**	we **were** work**ing**
négation	he **wasn't** work**ing** he **was not** work**ing**	they **weren't** work**ing** they **were not** work**ing**
interrogation	**Was** she work**ing?**	**Were** you work**ing?**

25 Employer le prétérit en *be + -ing*

● On emploie le prétérit en *be* + *-ing* pour dire qu'une action était **en cours** à un moment du passé. Le prétérit en *be* + *-ing* se traduit par l'imparfait.

– "Who **were** you **talking** to?" "I **was chatting** with Jo."
« À qui parlais-tu ? – Je bavardais avec Jo. »

● Quand on trouve les deux prétérits dans une même phrase, le prétérit en *be* + *-ing* décrit une action plus longue que le prétérit simple.

– I **was downloading** a cartoon when my mother **arrived**.
J'étais en train de télécharger un dessin animé quand ma mère est arrivée.

– I **was taking** a shower when someone **cut off** the water.
J'étais en train de prendre une douche quand quelqu'un a coupé l'eau.

Training

1 Mets ces phrases au prétérit. Attention aux verbes irréguliers.

1. Leila says she doesn't like music.
2. I go out every evening.
3. Do you enjoy watching TV?
4. My parents are visiting London.
5. I'm so tired. I need to rest.

2 Traduis.

1. J'ai vu ce film il y a trois ans.
2. Il y a combien de temps qu'ils sont allés aux États-Unis ?
3. J'étais en train de regarder la télévision quand ma grand-mère est arrivée.
4. Avant, mes parents travaillaient beaucoup le soir.

1 1. Leila said she didn't like music. 2. I went out every evening. 3. Did you enjoy watching TV? 4. My parents were visiting London. 5. I was so tired. I needed to rest.

2 1. I saw that film three years ago. 2. How long ago did they go to the United States? 3. I was watching TV when my grandmother arrived. 4. My parents used to work a lot in the evening.

« J'étais en train de prendre une douche quand quelqu'un a coupé l'eau. »

Le *present perfect*

Le *present perfect* exprime **un lien entre le passé et le présent.**

26 Conjuguer le *present perfect* simple

● Le *present perfect* simple se forme avec *have* au présent suivi du participe passé. Pour former un participe passé, on ajoute *-ed* aux verbes réguliers : *work* → *I* ***have*** *work**ed***.

	I/we/you/they	he/she/it
affirmation	I**'ve** work**ed** I **have** work**ed**	she**'s** work**ed** she **has** work**ed**
négation	you **haven't** work**ed** you **have not** work**ed**	he **hasn't** work**ed** he **has not** work**ed**
interrogation	**Have** they work**ed**?	**Has** it work**ed**?

● Certains participes passés sont **irréguliers** :
see (infinitif) → ***seen*** (participe passé).
Dans les tableaux des verbes irréguliers (▸ page 330), le participe passé est donné dans la 3e colonne.

● ***'s*** et ***'ve*** sont plus fréquents que *has* et *have.*
Hasn't (ou *'s not*) et *haven't* (ou *'ve not*) sont plus fréquents que *has not* et *have not.*

CAREFUL!

Attention : ***'s*** peut correspondre à ***has*** ou à ***is***.

- She**'s** worked hard. (She **has** worked hard.)
  Elle a travaillé dur.
- She**'s** working. (She **is** working.)
  Elle est en train de travailler.

27 Employer le *present perfect* simple

On emploie le *present perfect* pour parler d'un **résultat présent.**

- I'**ve lost** my keys. I can't go home now.
  J'ai perdu mes clés. Je ne peux pas rentrer chez moi maintenant.
  [Résultat présent : maintenant je ne peux pas rentrer chez moi.]

Il ne faut pas confondre ***have been*** (on est allé quelque part et on est revenu) et ***have gone*** (on est allé quelque part et on n'est pas encore revenu).

- "Hi Jim. You're tanned." "I'**ve been** to Morocco."
  « Salut, Jim. Tu es bronzé. – Je suis allé au Maroc. »
- "Where is Jim?" "He'**s gone** to Morocco. So, he's not here."
  « Où est Jim ? – Il est allé au Maroc. Donc il n'est pas là. »

28 Le *present perfect* avec *for* et *since* : « depuis »

Après un *present perfect*, *for* et *since* se traduisent tous deux par « depuis ». *For* introduit une durée, chiffrée le plus souvent. *Since* introduit un point de départ.

for + durée chiffrée	*since* + point de départ
for fifty minutes depuis cinquante minutes	**since** this morning depuis ce matin
for eight hours depuis huit heures	**since** yesterday depuis hier
for three years depuis trois ans	**since** 5 o'clock depuis cinq heures [depuis qu'il est cinq heures]

Le *present perfect* suivi de *for* ou *since* se traduit par un **présent.**

- I'**ve been** here for four weeks.
  Je **suis** ici depuis quatre semaines.
- I'**ve been** here since noon.
  Je **suis** ici depuis midi.

CAREFUL!

Le *present perfect* suivi de *for* se traduit par « depuis + un présent ».

- I **have known** them for five years.
  Je les **connais** depuis cinq ans.

Le prétérit suivi de *for* se traduit par « pendant + un passé composé ».

- I **knew** them for five years.
  Je les **ai connus** pendant cinq ans.

● « *For + present perfect* » peut aussi se traduire par « Cela fait... que ».

- My parents **have lived** here **for** twenty years.
  Cela fait vingt ans que mes parents habitent ici.

Prétérit avec *for* ▶ 21

29 Le *present perfect* avec *how long*

● *How long* employé avec le *present perfect* correspond à « depuis combien de temps ? + présent ».

- How long **have** you **had** your mobile phone?
  Depuis combien de temps as-tu ton téléphone portable ?

● En anglais familier, on trouve aussi « *since when* + présent » mais le ton est désapprobateur.

- Since when do you smoke?
  Depuis quand tu fumes ?

30 Le *present perfect* avec *just* et *it's the first time*

● Le *present perfect* employé avec *just* décrit un passé proche (venir de). En anglais américain, on emploie plutôt le prétérit.

- We'**ve** just **talked** to your parents. (We just talked to your parents.)
  Nous venons de parler à tes parents.

- On emploie aussi le *present perfect* après *It's the first time...* (C'est la première fois que...). Le français emploie le présent dans ce cas.

— It's the first time I'**ve failed**.
C'est la première fois que j'échoue.

31 *Present perfect* ou prétérit ?

- Il existe deux façons de parler d'un événement dans le passé : le prétérit et le *present perfect*.

> Avec le **prétérit**, on signale que l'événement est **coupé du présent.**
> Avec le ***present perfect***, on signale que l'événement est **en lien avec le présent.** On s'intéresse au résultat présent.
> En français, dans les deux cas, on emploie le passé composé.

— I **lost** my keys this morning. I **called** my parents and they **came** at once.
J'ai perdu mes clés ce matin. J'ai appelé mes parents et ils sont venus tout de suite. [Logique de récit : on ne s'intéresse qu'aux événements.]

— I **have lost** my keys. I can't go home.
J'ai perdu mes clés. Je ne peux pas rentrer chez moi. [Résultat présent : je ne peux pas rentrer chez moi.]

Quand on hésite entre le prétérit et le *present perfect*, il vaut mieux utiliser le prétérit car il y a moins de risque d'erreur !

- Avec les adverbes ***already*** (déjà), ***always*** (toujours), ***before*** (avant), ***ever*** (à un moment quelconque), ***never*** (jamais), ***not yet*** (pas encore), ***yet*** (« déjà » dans les questions), on peut utiliser le *present perfect* ou le prétérit.

— I have **already** done my homework.
J'ai déjà fait mes devoirs.

— Have you **ever** written poetry?
As-tu déjà écrit de la poésie ?

— Have you eaten **yet**?
Tu as déjà mangé ?

En anglais britannique, on préfère le *present perfect* avec ces adverbes. En anglais américain, on emploie plutôt le prétérit.

CAREFUL!

- On n'emploie **jamais** le *present perfect* avec une date ou un moment temporel précis. Le prétérit est obligatoire dans ce cas.

– I **lost** my keys **on 1st January/yesterday/a week ago/ when I went to the cinema**.
J'ai perdu mes clés le 1er janvier/hier/il y a une semaine/quand je suis allé au cinéma.

- Quand on pose une question avec *when*, on emploie donc le prétérit. On répond aussi avec le prétérit.

– "When **did** she **arrive**?" "She **arrived** yesterday."
(~~When has she arrived?~~)
« Quand est-elle arrivée ? – Elle est arrivée hier. »

32 Conjuguer le *present perfect* en *be + -ing*

Le *present perfect* en *be* + *-ing* se forme à l'aide de *have* au présent suivi de *been* et du verbe + *-ing* : *work* → *they* ***have been*** *work**ing***.

	I/we/you/they	he/she/it
affirmation	I**'ve been** work**ing** I **have been** work**ing**	he**'s been** work**ing** he **has been** work**ing**
négation	we **haven't been** work**ing** we **have not been** work**ing**	she **hasn't been** work**ing** she **has not been** work**ing**
interrogation	**Have** you **been** work**ing**?	**Has** he **been** work**ing**?

33 Employer le *present perfect* en *be + -ing*

On emploie le *present perfect* en *be* + *-ing* pour dire qu'on voit encore des **traces** d'une activité passée.

– It**'s been snowing**.
Il a neigé. [Traces présentes : de la neige sur le sol.]

● Cette forme peut aussi être utilisée pour justifier un **état** présent.

– "Your hands are dirty." "I**'ve been repairing** my bike."
« Tes mains sont sales. – J'ai réparé mon vélo. »

● Avec le *present perfect* en *be* + *-ing*, on s'intéresse à une **activité**. Avec le *present perfect* simple, on s'intéresse à un **résultat**.

– I've been repairing my bike.
[**Activité** passée : réparer mon vélo. État présent : mes mains sont sales. Mais mon vélo n'est peut-être pas complètement réparé !]

– I've repaired my bike.
[**Résultat** présent : j'ai réparé mon vélo et maintenant il est réparé.]

34 Le *present perfect* en *be + -ing* avec *for* et *since*

● Le *present perfect* en *be* + *-ing* suivi de *for* ou *since* se traduit par un présent (▶ 28).

– I'm 15. I've been learning English **for** seven years.
J'ai quinze ans. J'apprends l'anglais depuis sept ans.

– I'm 15. I've been learning English **since** the age of 8.
J'ai quinze ans. J'apprends l'anglais depuis l'âge de huit ans.

● Avec *for* et *since*, d'une manière générale, on préfère employer le *present perfect* en *be* + *-ing* plutôt que le *present perfect* simple.

– I**'ve been revising** my maths **for** forty minutes.
Je révise mes maths depuis quarante minutes.

● Mais les verbes qui s'emploient peu avec *be* + *-ing* (▶ 17) ne s'emploient pas non plus avec le *present perfect* en *be* + *-ing*.

– **I've known** them for ten years.
Je les connais depuis dix ans.

● « *How long* + *present perfect* en *be* + *-ing* » correspond à « depuis combien de temps + présent ».

– How long **have** you **been waiting**?
Depuis combien de temps attendez-vous ?

Training

1 Complète ces phrases en utilisant le *present perfect*.

1. I think Doug ... (lose) his keys.
2. I ... already ... (see) that film.
3. ... you ... (receive) my letter?
4. My cousin ... never ... (be) to London.

2 Choisis la forme qui convient : *present perfect* (simple ou en *be + -ing*) ou prétérit.

1. "The street is wet." "Yes, it ... (rain)!"
2. I ... (wait) for two hours! I'm going home!
3. We ... (go) to India three years ago. I ... (always/want) to go back.
4. Cory ... (know) the truth since the age of ten.
5. How long ... (you/work) for this firm?

1 1. I think Doug has lost his keys. 2. I've (have) already seen that film. 3. Have you received my letter? 4. My cousin has never been to London.

2 1. Yes, it's been raining! 2. I've been waiting for two hours. 3. We went to India three years ago. I've always wanted to go back. 4. Cory has known the truth since the age of ten. 5. How long have you been working for this firm? **ou** How long have you worked for this firm?

«J'ai perdu ma clé. Je ne peux pas rentrer chez moi.»

Le *pluperfect*

« J'ai parlé à la directrice. » « Leslie m'a dit qu'elle avait parlé à la directrice ! »

Le *pluperfect* ou *past perfect* permet de parler d'un passé dans le passé. Il se traduit le plus souvent par un plus-que-parfait.

35 Conjuguer le *pluperfect* simple

- Pour former le *pluperfect*, c'est simple : on utilise ***had*** à chaque fois ! Puis on ajoute le participe passé. Pour former un participe passé, on ajoute *-ed* aux verbes réguliers : *work* → *I **had** work**ed***.

	I/he/she/it/we/you/they
affirmation	I'**d** work**ed** I **had** work**ed**
négation	she **hadn't** work**ed** she **had not** work**ed**
interrogation	**Had** you work**ed**?

- Certains participes passés sont irréguliers : *see* (infinitif) → ***seen*** (participe passé). Dans les tableaux des verbes irréguliers (▸ page 330), le participe passé est donné dans la 3e colonne.

- *'d* est plus fréquent que *had*, et *hadn't* que *had not*.

36 Employer le *pluperfect* simple

On emploie le *pluperfect* simple pour parler d'un événement passé antérieur à un autre événement passé. Le *pluperfect* simple se traduit par un **plus-que-parfait**.

– John phoned me at 5. He **had** already **called** my mother.
John m'a téléphoné à cinq heures. Il avait déjà appelé ma mère.

– I didn't want to see that movie because I **had seen** it before.
Je ne voulais pas voir ce film parce que je l'avais vu avant.

« *If* + *pluperfect* » s'emploie comme « si + plus-que-parfait » pour parler de quelque chose qui ne s'est pas passé.

– If I **had invited** my schoolmates, the party would have been different.
Si j'**avais invité** mes copains de classe, la fête aurait été différente.

– If Samira **had known**, she would have cancelled the meeting.
Si Samira **avait su**, elle aurait annulé la réunion.

Wish avec le *pluperfect* exprime un regret (« si seulement » ou « regretter »).

– I wish I **hadn't eaten** so much.
Si seulement je n'avais pas autant mangé !
(Je regrette d'avoir autant mangé.)

CAREFUL!

On peut traduire *wish* à l'aide de « regretter », mais attention à la traduction de ce qui suit *wish*. La forme négative anglaise se traduit par la forme affirmative, et inversement :
hadn't eaten so much → « avoir autant mangé ».

Le *pluperfect* employé avec *just* se traduit par « venir de » à l'imparfait suivi de l'infinitif (▸ 30).

– I **had just talked** to their parents.
Je **venais de** parler à leurs parents.

● Le *pluperfect* s'emploie aussi pour rapporter les paroles de quelqu'un, comme le **plus-que-parfait** en français.

- She said that she **had wanted** to help them.
  Elle a dit qu'elle avait voulu les aider.

37 Le *pluperfect* en *be + -ing*

● Le *pluperfect* en *be + -ing* est facile à former ; on emploie ***had been*** suivi du verbe + ***-ing*** à toutes les personnes : *work* → ***had been*** *work**ing***.

● Employé avec *for* ou *since* (depuis) ou avec *how long* (depuis combien de temps ?), il signale qu'une action ou un état commencé dans le passé avait continué dans le passé. Il se traduit par un **imparfait**.

- We were tired because we **had been playing** tennis for fifty minutes.
  On était fatigué car on **jouait** au tennis depuis cinquante minutes.
- We were tired because we **had been playing** tennis since noon.
  On était fatigué car on **jouait** au tennis depuis midi.
- How long **had** they **been playing** tennis?
  Depuis combien de temps **jouaient**-ils au tennis ?

For et *since* ▶ **28 et 34**

CAREFUL!

Certains verbes comme *know* (savoir), *like* (aimer) ou *remember* (se souvenir) ne s'emploient presque jamais avec *be + -ing* (▶ 17).

- I **had known** them **for** fifteen years when they finally gave me their phone number.
  Je les **connaissais depuis** quinze ans quand ils m'ont enfin donné leur numéro de téléphone.

Training

1 Complète les phrases suivantes en utilisant le *pluperfect*.

1. Fiona didn't want to see that film. She ... (already/see) it.

2. The street was wet. It ... (rain) all afternoon.

3. If I ... (know) I wouldn't have come.

4. Sammy said they ... (have) dinner in a nice restaurant.

2 Traduis.

1. We wish they had told us the truth.

2. My parents had lived in London for ten years when they decided to move to Wales.

3. I had known the truth since the previous (*précédent*) day.

4. How long had it been raining when you stopped swimming?

5. I had just called Lou when her boyfriend arrived.

1 1. She had already seen it.
2. It had rained all afternoon.
3. If I had known I wouldn't have come.
4. Sammy said they had had dinner in a nice restaurant.

2 1. Si seulement ils nous avaient dit la vérité. (Nous regrettons qu'ils ne nous aient pas dit la vérité.)
2. Mes parents vivaient à Londres depuis dix ans quand ils ont décidé de déménager au pays de Galles.
3. Je connaissais la vérité depuis le jour précédent.
4. Il pleuvait depuis combien de temps quand tu as arrêté de nager ?
5. Je venais d'appeler Lou quand son petit ami est arrivé.

Le passif

« Ma maison est nettoyée tous les jours. »

Le passif (ou voix passive) se construit en anglais comme en français. Il s'emploie surtout quand on ne s'intéresse pas à l'auteur de l'action.

38 Former le passif

● Pour former le passif, on utilise « *be* conjugué + participe passé », comme en français « être + participe passé ». Pour former le participe passé, on ajoute *-ed* aux verbes réguliers.

	sujet	*be* conjugué	participe passé
présent simple	The show	is	cancelled.
	Le spectacle est annulé.		
prétérit simple	The actors	were	booed.
	Les acteurs ont été hués.		
present perfect	My boyfriend	has been	invited.
	Mon petit ami a été invité.		

● Certains participes passés sont irréguliers : *see* → ***seen***.
Dans les tableaux des verbes irréguliers (▸ page 330), le participe passé est donné dans la 3e colonne.

● Quand on compare une phrase active et une phrase passive, on se rend compte que le COD de la phrase active correspond au sujet de la phrase passive.

- We posted the letters yesterday.
  Nous avons posté les lettres hier.
- The letters **were posted** yesterday.
  Les lettres ont été postées hier.

● Le passif peut se combiner avec ***be* + *-ing*** pour dire qu'une action est **en cours** (ou était en cours). On ajoute ***being*** devant le participe passé.

	sujet	*be* conjugué	*being*	participe passé
présent en *be* + *-ing*	My bike	is	being	repaired.
	Mon vélo est en train d'être réparé.			
prétérit en *be* + *-ing*	I	was	being	watched.
	J'étais observé.			

● Les modaux peuvent être suivis d'un passif : on a alors « modal + *be* + participe passé ».

- It **can be done** quickly.
  Cela peut être fait rapidement. (On peut le faire rapidement.)
- I think they **will be punished**.
  Je crois qu'ils seront punis. (Je crois qu'on les punira.)

39 Employer le passif

● On emploie souvent le passif quand on ne peut pas mentionner l'agent, celui qui agit.

- The bikes have been removed.
  Les vélos ont été enlevés.
  [Je ne sais pas qui les a enlevés.]

● Parfois, on ne mentionne pas l'agent parce qu'il n'est pas important ou parce qu'il est évident ou parce qu'il n'y en a pas vraiment.

– Our brand is known all over the world.
  Notre marque est connue dans le monde entier.
  [Elle est connue du public, c'est évident !]
– Some tourists were injured in the storm.
  Quelques touristes ont été blessés dans la tempête.
  [Il n'y a pas vraiment d'agent ici.]

● Logiquement, l'agent n'est mentionné que s'il est important. Il est alors introduit par ***by***.

– The series was financed **by** the BBC.
  La série a été financée par la BBC. [C'est la BBC qui est mise en valeur ici.]

40 Différences entre actif et passif

● Habituellement, à la voix active, on parle de qui fait quoi. Ce n'est pas le cas au passif, car on ne s'intéresse pas à l'agent au passif.

– John is watching the match.
  John regarde le match. [Actif.]
– The match has been cancelled.
  Le match a été annulé. [Passif : peu importe qui l'a annulé.]

● Le passif est plus fréquent en anglais ; en français, on utilise souvent « on » à la place de la voix passive.

– The bikes have been removed.
  On a enlevé les vélos.
– The letters were posted yesterday.
  On a posté les lettres hier.

41 Le passif des verbes à deux compléments

● Certains verbes anglais ont deux compléments et deux constructions possibles : *buy* (acheter), *bring* (apporter), *give* (donner), *send* (envoyer), *show* (montrer), *teach* (enseigner), *tell* (dire), *write* (écrire)...

● Ces verbes peuvent se construire, comme en français, avec une préposition.

- Liz gave **a key** to Fred.
  [*give* + **objet** + *to* + bénéficiaire]
  Liz a donné une clé à Fred.

● Mais le plus souvent, on nomme d'abord la **personne** à qui on donne l'objet. Dans ce cas, il n'y a pas de préposition.

- Liz gave Fred **a key**.
  [*give* + bénéficiaire + **objet**]
  Liz a donné une clé à Fred.

CAREFUL!

Quand l'objet est *it* ou *them*, l'ordre est « objet + *to* + personne ».

- Sash sent Pete four postcards.
  Sash sent four postcards to Pete.
  Sash a envoyé quatre cartes postales à Pete.
- Sash sent **them to** Pete. (Sash sent ~~Pete them~~.)
  Sash les a envoyées à Pete.

● Au passif, ces verbes ont également deux constructions.

actif	passif
Liz gave **a key** to Fred. Liz a donné une clé à Fred.	A key was given to Fred. Une clé a été donnée à Fred.

actif	passif
Liz gave **Fred** a key. Liz a donné une clé à Fred.	Fred was given a key. Une clé a été donnée à Fred.

Training

1 Souligne les verbes à la voix passive dans ce texte. Dis à quel temps ils sont employés.

JACK – "Rex looks so sad."
HIS MOTHER – "That's because he's being punished."
JACK – "But that's unfair! He was already punished yesterday."
HIS MOTHER – "Yes, I punished him yesterday because he stole a chicken wing."
JACK – "I hope he'll never be punished again!"

2 Construis un passif à partir des phrases suivantes. Attention au temps employé et aux verbes irréguliers.

Somebody has borrowed that book. → That book has been borrowed.

Somebody borrowed that book yesterday. → That book was borrowed yesterday.

1. Somebody has closed the door.
2. Somebody has stolen the famous painting.
3. Somebody broke our vase yesterday.
4. Somebody ate the whole cake yesterday.
5. Somebody will scan this letter soon.

1 JACK – "Rex looks so sad."
HIS MOTHER – "That's because he's being punished." (**présent en *be* + *-ing***)
JACK – "But that's unfair! He was already punished yesterday." (**prétérit**)
HIS MOTHER – "Yes, I punished him yesterday because he stole a chicken wing."
JACK – "I hope he'll never be punished again!" (**avenir** ▸ 58)

2 1. The door has been closed.
2. The famous painting has been stolen.
3. Our vase was broken yesterday.
4. The whole cake was eaten yesterday.
5. This letter will be scanned soon.

Qu'est-ce qu'un modal ?

« Tu devrais rester au lit. »

Avec un modal (ou « auxiliaire modal »), on n'énonce pas des faits. On présente les faits selon un **mode** particulier.

mode du possible	mode du probable
I can do it. Je peux le faire.	We may go to Toronto. Il est possible qu'on aille à Toronto.

mode du nécessaire	mode du conseil
They must go now. Ils doivent partir maintenant.	You should stay in bed. Tu devrais rester au lit.

42 Caractéristiques des modaux

- Les modaux ne prennent pas de ***-s*** à la 3e personne du singulier. Un modal ne change donc pas de forme quel que soit le sujet.

– I **can** do this exercise. So, you **can** do it too. And Laura **can** do it too!
Je peux faire cet exercice. Donc, tu peux le faire aussi. Et Laura peut le faire aussi !

- À la **forme négative,** on ajoute ***not*** directement après les modaux (parce que ce sont des auxiliaires).

– They must work. → They must **not** work.
Ils doivent travailler. → Ils ne doivent pas travailler.

– You may go. → You may **not** go.
Vous pouvez partir. → Vous ne pouvez pas partir.

CAREFUL !

Can + *not* s'écrit en un seul mot : ***cannot***.

- I **cannot** lie to them.
  Je ne peux pas leur mentir.

● À la **forme interrogative,** on utilise l'ordre « modal + sujet ».

- **May** I use your phone?
  Est-ce que je peux utiliser votre téléphone ?

● Quatre modaux ont un prétérit :

may → **might** can → **could**
will → **would** shall → **should**

● Un modal **est suivi de la base verbale,** jamais de *to*, ni de *-ing* :

- We **can** help you. (We can ~~to~~ help you.)
  On peut t'aider.

● Un modal n'est jamais suivi d'un autre modal. Par exemple, il est impossible de traduire « je pourrai le faire » par *will* + *can* (▸ 47). Il faut employer dans ce cas *be able to* à la place de *can*.

- I'll **be able to** do it.
  Je pourrai le faire.

43 Formes contractées des modaux

● Après un pronom personnel, *will* est souvent contracté en *'ll* et *would* en *'d*.

will → ***'ll***	I'll go, you'll go, she'll go, we'll go, they'll go
would → ***'d***	I'd go, you'd go, she'd go, we'd go, they'd go

● Quatre modaux sont très souvent contractés à la forme négative.

cannot → **can't** could not → **couldn't**
will not → **won't** must not → **mustn't**

Can, *could* et *be able to*

«Je peux le faire.» «Je ne peux pas le faire.»

44 *Can* : «c'est possible», «c'est permis»

On emploie «*can* + verbe» pour dire que quelque chose est **possible** ou **permis**. Plus précisément, avec *can*, on peut :

- Dire que l'on peut, que l'on sait faire quelque chose.

— I **can** help you do your homework.
Je peux t'aider à faire tes devoirs.

— **Can** you really read Chinese?
Tu sais vraiment lire le chinois ?

- Demander ou donner une permission.

— **Can** I sit here?
Je peux m'asseoir ici ?

— You **can** take my cell phone, if you want.
Tu peux prendre mon téléphone portable, si tu veux.

45 *Can't* : «c'est impossible», «c'est interdit»

On emploie «***can't*** + verbe» pour dire que quelque chose n'est pas possible ou n'est pas permis.

— Dogs **can't** fly!
Les chiens ne peuvent pas voler !

— You **can't** sit here. It's for my cat.
Tu ne peux pas t'asseoir ici. C'est pour mon chat.

CAREFUL!

On emploie souvent *can* ou *can't* avec les verbes de perception : *see* (voir), *hear* (entendre), *smell* (sentir), *feel* (sentir) et *taste* (goûter). Dans ce cas, on n'utilise pas « pouvoir » en français.

- I **can** hear birds but I **can't** see them.
  J'entends des oiseaux, mais je ne les vois pas.

Prononciation de *can* et *can't*

- ***Can*** est prononcé /kæn/ quand il est accentué ou en fin de phrase. Autrement, il se prononce /kən/.

- Yes, we can /kæn/.
  Oui, nous le pouvons.
- Yes, we can /kən/ do it.
  Oui, nous pouvons le faire.

- ***Can't*** se prononce /kɑːnt/ en anglais britannique et /kænt/ en anglais américain.

- Sorry but I can't help you.
  Désolé, mais je ne peux pas t'aider.

46 *Could* : « ce serait possible »

On emploie « *could* + verbe » pour dire que **quelque chose pourrait se faire.** Dans ce cas, *could* se traduit par « pouvoir » au conditionnel (pourrais, pourrait...). À la forme négative, on utilise ***couldn't***. On ne prononce pas le *l* dans *could* : /kʊd/.

- We **could** go for a walk in the park.
  On pourrait aller se promener dans le parc.
- I **couldn't** do that job.
  Je ne pourrais pas faire ce métier.

« *Could* + verbe » s'emploie aussi pour demander une **permission.**

- **Could** you lend me your earphones?
  Tu pourrais me prêter tes écouteurs ?

● On emploie « *could* + verbe » pour dire que quelque chose est peut-être vrai. Dans ce cas, on peut employer *might* à la place de *could*.

– She **could** be our new head. (She **might** be our new head.)
Elle est peut-être notre nouvelle directrice.

– Take an umbrella. It **could** rain this afternoon. (It **might** rain this afternoon.)
Prends un parapluie. Il pourrait pleuvoir cet après-midi.

● On emploie « *could have* + participe passé » pour dire qu'on **aurait pu** faire quelque chose.

– You **could have** answered the phone.
Tu aurais pu répondre au téléphone.

47 Quand employer *be able to* ?

● Il est impossible d'utiliser *can* après *will* car on ne peut pas avoir « modal + modal ». Pour dire que quelqu'un **pourra faire quelque chose**, on emploie « *will be able to* + verbe ».

– In the future human beings **will be able to** live to 150 years.
À l'avenir, les êtres humains pourront vivre jusqu'à 150 ans.

● On emploie *be able to* au prétérit (*was/were able to*) pour parler d'une capacité dans le passé. Si la capacité est **ponctuelle**, *could* n'est pas possible.

– **Were** you **able to** log on this morning?
Vous avez pu vous connecter ce matin ?

48 *Could* et le passé

● Pour une capacité **permanente** au passé, on peut employer soit *could* soit *was/were able to*.

– My grandpa **could** read when he was five. (My grandpa **was able to** read when he was five.)
Mon grand-père savait lire à l'âge de cinq ans.

● Devant un verbe de perception : *see* (voir), *hear* (entendre), *smell* (sentir), *feel* (sentir) et *taste* (goûter), on emploie *could* pour parler du passé.

– I **could** hear them but I **couldn't** see them.
Je les entendais, mais je ne les voyais pas.

Training

1 Utilise le modal qui convient : *can*, *can't* ou *could*.

LEE – "Can you swim, Sam?"
SAM – "Of course, I ... And you, Lee?"
LEE – "No, I ..."
SAM – "What? You ... swim?"
LEE – "No, I ... swim. So what?"
SAM – "If you ... swim, we would go to the swimming pool."
LEE – "But I don't have a swimsuit (*un maillot de bain*)!"

2 Traduis.

1. Salut, Tao. Je suis derrière toi. Tu me vois ?
2. Ce matin, j'ai pu avoir une place (*get a seat*) dans le bus.
3. Quand j'avais cinq ans, je pouvais déjà courir très vite !
4. Demain, nous pourrons voir un beau coucher de soleil (*sunset*).

1 LEE – "Can you swim, Sam?"
SAM – "Of course, I can. And you, Lee?"
LEE – "No, I can't."
SAM – "What? You can't swim?"
LEE – "No, I can't swim. So what?"
SAM – "If you could swim, we would go to the swimming pool."
LEE – "But I don't have a swimsuit!"

2 1. Hi, Tao. I'm behind you. Can you see me?
2. This morning I was able to get a seat on the bus.
3. When I was five, I could already run very fast!
4. Tomorrow, we'll be able to see a beautiful sunset.

May, might et *be allowed to*

May et *might* expriment la permission ou la probabilité.

49 *May* : « c'est permis »

- On emploie « *may* /meɪ/ + verbe » pour donner une permission.

– You **may** play with your video game but not for too long!
Tu peux jouer avec ton jeu vidéo mais pas trop longtemps !

- On emploie « *may* + sujet + verbe » pour demander la permission.

– **May** I borrow your dictionary, please?
Est-ce que je peux emprunter ton dictionnaire ?

- On emploie « *may not* + verbe » pour interdire (ce n'est pas permis).

– You **may not** go out after 6.
Tu n'as pas le droit de sortir après six heures.

CAREFUL!

Can est plus fréquent que *may* dans ces sens (▶ 44 et 45).

– You can play with your video game but not for too long!
– Can I borrow your dictionary, please?
– You can't go out after 6.

50 *May* : « c'est probable »

- On emploie « *may* + verbe » pour dire que quelque chose est assez probable.

– You **may** be right.
Il est possible que tu aies raison. (Tu as peut-être raison.)

– We **may** go to Florida for our holiday.
Il est possible qu'on aille en Floride pour les vacances.

CAREFUL!

Il ne faut pas confondre ***may be*** (en deux mots : le modal + *be*) et ***maybe***, l'adverbe qui signifie « peut-être ». Le sens est le même mais l'ordre des mots est différent.

- **Maybe** you're right. (You **may be** right.)
  Tu as peut-être raison.

Pour dire que quelque chose a pu se produire dans le passé, on emploie « *may have* + participe passé ».

- You **may have** dropped your mobile in the car.
  Tu as peut-être laissé tomber ton portable dans la voiture.

51 *Might* : « ça se pourrait »

On emploie « *might* /maɪt/ + verbe » pour dire que quelque chose pourrait être vrai.

- Who knows? We **might** win the lottery!
  Qui sait ? On pourrait gagner à la loterie !

Pour dire que quelque chose aurait pu être vrai dans le passé, on emploie « *might have* + participe passé ».

- You fool! You might have killed yourself!
  Imbécile ! Tu aurais pu te tuer !

On peut employer ***could*** à la place de *might*.

- Who knows? We could win the lottery!
- You could have killed yourself!

Avec *might*, on est plus hésitant, moins sûr qu'avec *may*.

- "They may be right." "No, they might be right."
  « Il se peut qu'ils aient raison. – Non, il se pourrait qu'ils aient raison. »

52 Quand employer *be allowed to* ?

May n'existe qu'au présent.
On emploie « *be allowed to* + verbe » dans les autres cas.

● Pour parler d'une **permission passée** :
« *was/were allowed to* + verbe ».

– She **wasn't allowed to** go to Jane's birthday party.
Elle n'a pas eu le droit d'aller à l'anniversaire de Jane.

● Pour parler d'une **permission future** :
« *will be allowed to* + verbe ».

– Candidates **will be allowed to** use dictionaries.
Les candidats pourront (auront le droit d') utiliser des dictionnaires.

Training

1 Lis les phrases suivantes et dis si elles expriment la permission (/l'absence de permission) ou la probabilité.

1. Lucy may be in her bedroom.
☐ Permission ☐ Probabilité

2. Lucy is in her bedroom but you may not disturb her.
☐ Permission ☐ Probabilité

3. You may not use your phones during the exam.
☐ Permission ☐ Probabilité

4. We may arrive late.
☐ Permission ☐ Probabilité

2 Maintenant traduis-les.

1 et 2 1. **Probabilité** - Il est possible que Lucy soit dans sa chambre. (Lucy est peut-être dans sa chambre.) 2. **Permission** - Lucy est dans sa chambre, mais tu ne peux pas (**ou** tu n'as pas le droit de) la déranger. 3. **Permission** - Vous n'avez pas le droit d'utiliser vos téléphones pendant l'examen. 4. **Probabilité** - Il est possible que nous arrivions en retard.

Must et *have to*

On emploie *must* pour exprimer l'obligation ou la forte probabilité. Dans les deux cas, *must* se traduit très souvent par « devoir ».

53 *Must* : « c'est obligé »

- On emploie « *must* /mʌst/ ou /məst/ + verbe » pour exprimer **l'obligation**.

— He **must** get up at once.
Il doit se lever tout de suite.

- La forme négative est *must not* ou *mustn't* (plus fréquent). *Mustn't* exprime une obligation négative, une **interdiction**. On ne prononce pas le premier *t* dans *mustn't* : /mʌsnt/.

— You **mustn't** tell your mum.
Tu ne dois pas le dire à ta mère.

54 *Must* : « c'est très probable »

- On peut aussi employer « *must* + verbe » pour parler d'une action ou d'un fait **très probable**.

— It is late. You **must** be exhausted.
Il est tard. Tu dois être fatigué.

— It's midnight. The show **must** be over now.
Il est minuit. Le spectacle doit être terminé maintenant.

- Pour dire que quelque chose est improbable, on utilise « ***can't*** + verbe ».

— The lights are out. They **can't** be home.
Il n'y a pas de lumière. Ils ne doivent pas être rentrés.

- Pour parler d'une probabilité qui concerne le passé, on emploie « *must have* + participe passé ».

— They **must have** missed their train.
Ils ont dû rater leur train.

55 Quand employer *have to* ?

Must n'existe qu'au présent. On emploie *have to* dans les autres cas.

- Pour parler d'une **obligation passée** : « *had to* + verbe ».

— I **had to** run to catch the bus.
J'ai dû courir pour attraper le bus.

CAREFUL!

Dans les phrases négatives et interrogatives, il faut utiliser ***did*** avec *have to*.

— I **didn't have to** run to catch the bus.
Je n'ai pas eu à courir pour attraper le bus.

— **Did** you **have to** run to catch the bus?
Tu as dû courir pour attraper le bus ?

- Pour parler d'une **obligation future** : « *will have to* + verbe ».

— Joan **will have to** make new friends.
Joan devra se faire de nouveaux amis.

- On peut utiliser *have to* au présent, pour parler d'une contrainte extérieure, d'un règlement. L'obligation ne vient pas de celui qui parle.

— Here, men and women **have to do** military service.
Ici, les hommes et les femmes doivent faire leur service militaire.

CAREFUL!

Il ne faut pas confondre *don't have to* (ne pas être obligé de) et *mustn't* (être obligé de ne pas).

— You're rich. You **don't have to** work.
Tu es riche. Tu n'es pas obligé de travailler.

— You're sick. You **mustn't** work.
Tu es malade. Tu ne dois pas travailler.

- *Need not* (ou *needn't*) est proche de *don't have to*.

— You **needn't** do it today.
Tu n'es pas obligé de le faire aujourd'hui. (Tu n'as pas besoin de le faire aujourd'hui.)

Training

1 Mets ces phrases à la forme négative.

1. You must stay seated.
2. Al has to finish his homework and I have to help him.
3. The lights are on. They must be at home.
4. We had to take another train.

2 Réécris ces phrases au temps qui convient, en t'aidant des groupes de mots soulignés.

She must go to the dentist's.
She ... <u>tomorrow</u>. → She'll have to go to the dentist's tomorrow.

1. We must repair our bikes. We ... <u>last week</u>.
2. I must talk to Ahmed. I ... <u>yesterday</u>.
3. We must wake up early. We ... <u>when we go back</u> to school.
4. You don't have to run. You ... because you <u>had</u> plenty of time.

1 1. You mustn't stay seated. 2. Al doesn't have to finish his homework and I don't have to help him. 3. The lights aren't on. They can't be at home. 4. We didn't have to take another train.

2 1. We had to repair our bikes last week. (**passé**) 2. I had to talk to Ahmed yesterday. (**passé**) 3. We'll have to wake up early when we go back to school. (**avenir**) 4. You didn't have to run because you had plenty of time. (**passé**)

« Tu ne dois pas ! » « Vous devez tourner à droite. »

Shall et *should*

Shall s'emploie surtout à la forme interrogative et permet de faire une suggestion. *Should* permet d'exprimer un conseil ou la probabilité. Il se traduit souvent par « devrais, devrait... ».

56 *Shall* (suggestion)

On emploie ***shall*** à la 1re personne (*Shall I/we...?*) pour **faire une suggestion.** On le traduit souvent par « Veux-tu/Voulez-vous que... ». *Shall* se prononce /ʃæl/.

– It's hot in here. **Shall** I open the window?
Il fait très chaud ici. Voulez-vous que j'ouvre la fenêtre ?

57 *Should* (conseil et probabilité)

● « *Should* + verbe » (devrais, devrait...) permet d'exprimer un conseil ou de faire une suggestion. On ne prononce pas le *l* dans *should* : /ʃʊd/.

– You **should** tell your parents about it. [conseil]
Tu devrais en parler à tes parents.

– We **should** go to bed. It's late. [suggestion]
On devrait aller se coucher. Il est tard.

● *Shouldn't* exprime un reproche.

– They **shouldn't** go out so late.
Ils ne devraient pas sortir si tard.

● Pour dire qu'on aurait dû faire quelque chose, on emploie « *should have* + participe passé ». Cette construction exprime un regret ou un reproche.

– We **should have** listened to our kids.
On aurait dû écouter nos enfants.

– You **shouldn't have** mentioned my name.
Tu n'aurais pas dû mentionner mon nom.

● «*Should* + verbe» (devrais, devrait...) permet aussi d'exprimer la **probabilité**.

– The bus **should** be here any minute.
L'autobus devrait arriver d'une minute à l'autre.

● On peut utiliser ***ought to*** à la place de *should*, mais *ought to* est moins fréquent.

– You **ought to** tell your parents about it.
– The bus **ought to** be here any minute.

Training

1 Lis les phrases suivantes et dis si elles expriment une suggestion, un conseil ou une probabilité. Puis traduis-les.

1. You should send them an email now.
2. Your brother should see a doctor. He looks so pale.
3. They should arrive soon.
4. Mum, shall I pick Tom up from school?

2 Traduis.

1. On devrait écrire plus souvent.
2. Ils ne devraient pas en parler.
3. On n'aurait pas dû faire ça.
4. Tu n'aurais pas dû voler cet os ! On devrait le rendre à Beauty.

1 1. **Conseil** - Tu devrais leur envoyer un e-mail maintenant.
2. **Conseil** - Ton frère devrait voir un médecin. Il a l'air si pâle.
3. **Probabilité** - Ils devraient arriver bientôt.
4. **Suggestion** - Maman, est-ce que tu veux que j'aille chercher Tom à l'école ?

2 1. We should write (We ought to write) more often.
2. They shouldn't talk about it.
3. We shouldn't have done that.
4. You shouldn't have stolen that bone! We should give it back to Beauty.

Will et le renvoi à l'avenir

Pour parler de l'avenir, on peut utiliser *will*, *be going to* ou le présent. Quand *will* renvoie à l'avenir, on le traduit souvent par un futur. Mais *will* ne se traduit pas toujours par un futur !

58 Le renvoi à l'avenir avec *will*

- On emploie « *will* + verbe » à toutes les personnes pour **parler de l'avenir**. Avec *will*, on se projette dans l'avenir et on dit que quelque chose se produira, **c'est sûr**.

– Jack **will** be 16 next year.
Jack aura 16 ans l'année prochaine.

- Après un pronom personnel, *will* est souvent contracté en *'ll* : *I'll go, you'll go, she'll go, we'll go, they'll go*.

- À la forme négative, la forme contractée *won't* est plus fréquente que *will not*.

– Today is Sunday. The school **won't** be open!
Nous sommes dimanche. L'école ne sera pas ouverte !

@)) Prononciation de *will* et *won't*

Will se prononce /wɪl/ et *won't* /wəʊnt/.

– Jack will be 16 next week but he won't be here.
Jack aura 16 ans la semaine prochaine mais il ne sera pas là.

Jack will be 16 peut se prononcer comme *Jack'll be 16*, même si on n'écrit pas *Jack'll be 16*.

- Pour dire qu'on aura fait quelque chose dans l'avenir, on emploie « *will have* + participe passé ». C'est l'équivalent du futur antérieur.

– They **will have** finished in a few minutes.
Ils auront terminé dans quelques minutes.

« Je serai juge quand je serai grand... »

CAREFUL!

En français, on emploie le futur après « quand » et « dès que ». En anglais, on utilise le présent après *when* (quand) ou *as soon as* (dès que).

- I'll phone you when I **see** them.
  Je te téléphonerai quand je les **verrai**.
- I'll text you as soon as I **see** them.
  Je t'enverrai un texto dès que je les **verrai**.

59 Le renvoi à l'avenir avec *be going to*

On utilise « *be going to* + verbe » quand on voit un **indice** que quelque chose va se produire ou bien quand on a déjà pris une **décision**. On ne peut pas employer *will* dans ce cas.

- Look at those clouds. It**'s going** to rain.
  [*clouds* : indice de *It's going to rain*]
  Regarde ces nuages ! Il va pleuvoir.
- "What are you going to do this summer?" "We**'re going** to visit my aunt in Chicago."
  [*visit my aunt in Chicago* : décision déjà prise]
  « Qu'allez-vous faire cet été ? – Nous allons voir ma tante à Chicago. »

60 Le renvoi à l'avenir avec le présent

● Pour parler de l'avenir, on peut aussi employer le **présent en *be + -ing*** pour un projet personnel, déjà prévu ou organisé. On a souvent aussi le présent en français dans ce cas.

- I'**m seeing** John and Laurie tonight.
  Je vais voir John et Laurie ce soir.
- What time **are** we **leaving** tomorrow?
  Nous partons à quelle heure demain ?

● Pour un projet officiel, objectif (horaires, emplois du temps), on utilise le **présent simple**.

- What time **does** the lecture **begin**?
  À quelle heure commence la conférence ?
- The plane **takes** off at ten.
  L'avion décolle à dix heures.

CAREFUL!

Pour parler d'une action imminente, on emploie « *be about to* + verbe ».

- Hurry up! The film **is about to** start.
  Dépêche-toi ! Le film est sur le point de commencer.

61 Quand *will* ne se traduit pas par un futur

● On peut employer *will* pour **exprimer la volonté** au présent. À la forme négative, *won't* peut exprimer un refus.

- **Will** you marry me?
  Veux-tu m'épouser ?
- They **won't** talk to me.
  Ils refusent de me parler.

CAREFUL !

Won't est la forme négative de *will* pour le renvoi à l'avenir **et** pour la volonté. L'interprétation dépend du contexte.

- I **won't** see them next week. I'm mad at them.
  Je refuse de les voir la semaine prochaine. Je suis en colère contre eux.
- I **won't** see them next week. I'll be on holiday.
  Je ne les verrai pas la semaine prochaine. Je serai en vacances.

● Pour parler d'une **décision prise sur le champ,** on utilise *will*.

- (The telephone is ringing.) Don't move. I'**ll** answer it.
  (Le téléphone sonne.) Ne bouge pas. Je réponds.
- "My suitcase is heavy." "OK, I'**ll** carry it."
  « Ma valise est lourde. – Bon, d'accord, je vais la porter. »

Training

1 Traduis.

1. Le soleil se couchera (*set*) dans une heure.
2. Je vais travailler dur cette année.
3. Nous partons en vacances (*go on holiday*) ce soir ! Youpi ! (*Yippee!*)
4. Dis-leur que je les appellerai demain.

2 Traduis.

1. J'irai au lit quand je serai fatiguée. Pas avant.
2. Je dois sortir. Je prends mon sac et puis j'y vais.
3. Appelle-moi quand tu auras une minute.
4. L'avion est sur le point de décoller (*take off*) !

1 1. The sun will set in an hour. 2. I'm going to work hard this year. 3. We're going on holiday tonight! Yippee! 4. Tell them I'll call them tomorrow.
2 1. I'll go to bed when I'm tired. Not before. 2. I have to go out. I'll take my bag and then I'll go. 3. Call me when you have a minute. 4. The plane is about to take off.

Would, 'd rather, 'd better

« *Would* + verbe » correspond souvent au conditionnel français. Mais il peut avoir d'autres sens. *Would rather* exprime la préférence. *Had better* correspond à « il vaudrait mieux que... ».

62 *Would* : le conditionnel

● *Would* /wʊd/ s'emploie à toutes les personnes.

I would like (j'aimerais)	we would like (nous aimerions)
you would like (tu aimerais)	you would like (vous aimeriez)
he would like (il aimerait)	they would like (ils aimeraient)

● Après un pronom personnel, *would* est souvent contracté en *'d* : *I'd go, you'd go, she'd go, we'd go, they'd go*.

CAREFUL!

'd peut correspondre à *would* ou à *had* !

– I'**d** like to stay at home. (I **would like** to stay at home.)
J'aimerais rester à la maison.

– I'**d** already seen it. (I **had** already **seen** it.)
Je l'avais déjà vu.

● On emploie « *would* + verbe » comme le conditionnel français, pour parler d'un fait imaginaire.

– It **would** be nice.
Ce serait sympa.

– **Would** they refuse?
Est-ce qu'ils refuseraient ?

● Comme le conditionnel français, on utilise souvent *would* dans des phrases où il y a une subordonnée conditionnelle (introduite par *if* : « si »).

– **If** I had the money, I'**d** buy a motor scooter.
Si j'avais l'argent, j'achèterais un scooter.

- Comme le conditionnel français, on utilise souvent *would* au discours indirect (▸ 155).

— You said you'**d be** home at 5.
Tu as dit que tu serais à la maison à cinq heures.

- « *Would have* + participe passé » traduit souvent le conditionnel passé.

— If I had known I **would have told** my parents.
Si j'avais su, je l'aurais dit à mes parents.

CAREFUL!

Deux conditionnels français ne se traduisent pas avec *would*.

- « Devrais, devrait... » se traduit souvent par *should* (▸ 57).

— We **should** go out more often.
On devrait sortir plus souvent.

- « Pourrais, pourrait... » se traduit souvent par *could*, parfois par *might* (▸ 46).

— You **could** invite the Kaufmanns.
Tu pourrais inviter les Kaufmann.

63 *Would* : habitude et demande polie

- « *Would* + verbe » peut aussi s'employer pour exprimer une **habitude** dans le passé. On le traduit alors par un imparfait. Il est comparable à *used to* dans ce sens (▸ 23).

— My grandma **would** take me to the movies every Sunday.
Ma grand-mère m'emmenait au cinéma tous les dimanches.

- *Would you...* peut s'employer dans les demandes polies.

— **Would** you open the window, please?
Est-ce que vous voulez bien ouvrir la fenêtre ?

64 *Would rather* : « j'aimerais mieux »

● « *Would rather* + verbe » exprime la **préférence**. On le traduit le plus souvent par « je/tu préférerais... » ou « je/tu aimerais mieux ». *Would rather* est souvent réduit à ***'d rather***.

– **I'd rather** be with you.
Je préférerais être avec toi. (J'aimerais mieux être avec toi.)

● La négation se forme en ajoutant *not* après *rather*.

– **I'd rather not** go.
Je préférerais ne pas y aller.

● Dans une question, l'ordre est « *would* + sujet + *rather* ».

– **Would** you **rather** be with your friends?
Tu préférerais être avec tes amis ?

CAREFUL!

Si on complète la comparaison (préférer... **que**), on emploie ***than***. Dans *would rather*, *rather* (plutôt) est une forme comparative. Il est donc logique que *rather* soit suivi de *than*.

– We'd rather resign **than** work with you. [surtout pas *that* !]
Nous préférerions démissionner **que** travailler avec vous.

« Je préférerais être avec toi. »

65 *Had better* : « je ferais mieux de »

« *Had better* + verbe » correspond à « je ferais, tu ferais, il ferait... mieux de ». La négation se forme en ajoutant ***not*** après *better*.

- You'**d better** go home.
  Tu ferais mieux de rentrer chez toi.
- You'**d better not** tell them.
  Tu ferais mieux de ne pas leur dire.

CAREFUL !

'd correspond à ***would*** dans *'d rather* mais à ***had*** dans *'d better*.

- I'**d** rather be with you. (I **would** rather be with you.)
- You'**d** better go home. (You **had** better go home.)

Training

1 Traduis.

1. Bonjour, je voudrais un cappuccino, s'il vous plaît.
2. Sue viendrait plus souvent si elle le pouvait.
3. J'aimerais partir en vacances (*go on holiday*) !
4. Tu serais content de les voir ?

2 Donne la valeur de *would* (*'d*) dans ces phrases : conditionnel ou habitude. Puis traduis-les.

1. My parents would kiss me every morning when I was a kid.
2. We'd often go swimming when we lived in Bristol.
3. We'd go swimming if we had more time!

1 1. Hello, I'd like a cappuccino, please. 2. Sue would come more often if she could. 3. I'd like to go on holiday. 4. Would you be happy to see them?

2 1. **Habitude** - Mes parents m'embrassaient tous les matins, quand j'étais enfant. 2. **Habitude** - On allait souvent nager quand on habitait à Bristol. 3. **Conditionnel** - On irait nager si on avait plus de temps !

L'impératif

L'impératif s'emploie de la même façon en anglais et en français et il est très facile à former.

66 Conjuguer l'impératif

	affirmation	négation
2e pers. sing./plur.	Go. Pars./Partez.	Don't go. Ne pars pas./Ne partez pas.
1re pers. plur.	Let's go. Partons. (Allons-y.)	Let's not go. Ne partons pas.

- **À la 2e personne**, au singulier ou au pluriel, on emploie la **base verbale.** À la forme négative, on ajoute *don't* avant la base verbale.

– **Shut** the door. **Don't slam** the door! Too late…
Ferme la porte. Ne claque pas la porte ! Trop tard…

- **À la 1re personne** du pluriel, on ajoute ***let's*** avant la base verbale. À la forme négative, on ajoute *let's not* avant la base verbale.

– **Let's make** a cake!
Faisons un gâteau.

67 Employer l'impératif

- En anglais comme en français, l'impératif s'emploie pour exprimer un ordre, une suggestion ou une consigne.

ordre	Listen to me! Écoute-moi ! / Écoutez-moi !
suggestion	Please, don't wait for me. Start if you want to. Je t'en prie, ne m'attends pas. Commence si tu veux.
consigne	Put the verbs in brackets into the correct tense. Mettez les verbes entre parenthèses au temps qui convient.

Le français utilise moins que l'anglais l'impératif à la 1re personne du pluriel (suggestion) et donc un autre équivalent est possible.

- Let's make a cake.
  Et si on faisait un gâteau ? (On fait un gâteau ?)

68 *Do* avec l'impératif

On peut employer « *do* + verbe » à l'impératif pour insister.

Listen to me. Écoute-moi.	**Do listen** to me. Écoute-moi bien.
Be nice to her. Sois gentil avec elle.	**Do be** nice to her. Surtout sois gentil avec elle.

Training

1 Transforme ces phrases en ordres à l'aide de l'impératif.

Leila, you must help me. → Leila, help me.
We must go now. → Let's go now.

1. You must tell her you love her.
2. We must not follow them.
3. You must not write on the tables!

2 Traduis.

1. Sois honnête. Dis-moi la vérité.
2. Allons, les enfants, soyez honnêtes. Dites-moi la vérité.
3. Allons, Monsieur, soyez honnête. Dites-moi la vérité.
4. Ne faisons pas la même erreur.

1 1. Tell her you love her. 2. Let's not follow them. 3. Don't write on the tables!
2 1. Be honest. Tell me the truth. 2. Come on, kids, be honest. Tell me the truth. 3. Come on, Sir, be honest. Tell me the truth. 4. Let's not make the same mistake.

Tags et réponses brèves

« Elle déteste la télé, pas vrai ? »

Les ***tags*** ou *question tags* et les **réponses brèves** sont fréquents en anglais dans la conversation de tous les jours.

69 Les *tags* : « hein ? », « n'est-ce pas ? »

● Les *tags* correspondent à « n'est-ce pas », « hein ? », « non ? ». Ils servent surtout à demander confirmation ou à solliciter une réaction de la part de ceux qui écoutent. Cette réaction peut être un simple hochement de tête.

● Pour former un *tag*, on utilise le **même auxiliaire** que dans la phrase principale.

phrase positive	*tag* négatif (toujours *n't*)
It'**s** nice, C'est sympa,	**isn't** it? non ?
You'**ve** (have) **got** a cat, Tu as un chat,	**haven't** you? non ?
You **can** do it, Vous pouvez le faire,	**can't** you? n'est-ce pas ?

phrase négative	*tag* positif
It **isn't** nice, C'est pas sympa,	**is** it? hein ?
They **don't** like me, Ils ne m'aiment pas,	**do** they? hein ?

Quand il n'y a pas d'auxiliaire dans la phrase principale, on emploie dans le *tag* ***don't*** ou ***doesn't*** si la principale est au présent et ***didn't*** si la principale est au prétérit.

phrase positive	*tag* négatif (toujours *n't*)
You love her, Tu l'aimes,	**don't** you? n'est-ce pas ?
She hates TV, Elle déteste la télé,	**doesn't** she? pas vrai ?
They arrived early, Ils sont arrivés tôt,	**didn't** they? n'est-ce pas ?

Prononciation des *tags*

Avec les *tags*, l'intonation est descendante, car ce ne sont pas de vraies questions.

- It isn't nice, is it?
- You can do it, can't you?
- She hates TV, doesn't she?

70 Les réponses brèves : « oui », « non »

À une question comme *Is she here?*, on peut répondre simplement par *Yes* ou par *No*.

- "Is she here?" "Yes."/"No."
  « Elle est ici ? – Oui./Non. »

Mais souvent, on complète sa réponse à l'aide d'un sujet et d'un **auxiliaire.** C'est ce qu'on appelle une réponse « brève » ! L'auxiliaire de la réponse est le même que celui de la question.

- "**Is** she here?" "Yes, she **is**."/"No, she **is** not."
  « Elle est ici ? – Oui./Non. »
- "**Do** you live in Ireland?" "Yes, I **do**."/"No, I **don't**."
  « Est-ce que vous habitez en Irlande ? – Oui./Non. »

● D'autres réponses sont possibles : *maybe*, *perhaps* (peut-être), *I don't know* (je ne sais pas), *I think so* (je crois), *I don't think so* (je ne crois pas), *I hope so* (j'espère), *I hope not* (j'espère que non)...

71 Les réponses brèves : «moi aussi», «moi non plus»

On appelle «réponses de conformité» les réponses du type «moi aussi», «moi non plus». Elles expriment un **accord** avec ce qui vient d'être dit.

● «Moi aussi» se dit *Me too* à l'oral.

– "I can drive." "**Me too**."
«Je sais conduire. – Moi aussi.»

● «Moi non plus» se dit *Me neither* à l'oral. *Neither* se prononce /ˈnaɪðə/ ou /ˈniːðə/.

– "I can't sing." "**Me neither**."
«Je ne sais pas chanter. – Moi non plus.»

● On ne peut pas calquer *Me too/Me neither* pour les autres personnes (*you, she*...). Il faut employer «*So* + auxiliaire» et «*Neither* + auxiliaire» qui s'emploient pour toutes les personnes.

"I can drive." «Je sais conduire.»	"**So can** I."	«Moi aussi.»
	"**So can** Laura."	«Laura aussi.»
"I can't sing." «Je ne sais pas chanter.»	"**Neither can** she."	«Elle non plus.»
	"**Neither can** my sister."	«Ma sœur non plus.»

● Quand il n'y a pas d'auxiliaire dans la première phrase, on emploie ***do*** ou ***does*** au présent et ***did*** au prétérit.

– "I love chocolate." "**So do** I."/"**So does** my dog."
«J'adore le chocolat. – Moi aussi./Mon chien aussi.»

– "My granddad spoke three languages." "**So did** mine."
«Mon grand-père parlait trois langues. – Le mien aussi.»

72 Les réponses brèves : « moi, si », « pas moi »

Les réponses du type « moi, si », « pas moi » servent à émettre un **avis contraire** à celui qu'on vient d'entendre.

● Pour dire « moi, si », « lui, si », on utilise l'auxiliaire de la première phrase mais à la forme affirmative. Le sujet est accentué.

- "I don't like fish." "I do."/"She does."
  « Je n'aime pas le poisson. – Moi, si./Elle, si. »
- "We are not happy." "I am."/"They are."
  « Nous ne sommes pas heureux. – Moi, si./Eux, si. »

● Pour dire « pas moi », « pas elle », on utilise le même auxiliaire que dans la première phrase, mais à la forme négative. S'il n'y a pas d'auxiliaire dans la première phrase, on utilise ***don't*** ou ***doesn't*** au présent et ***didn't*** au prétérit.

- "I'm exhausted." "I'm not."/"He's not."
  « Je suis épuisé. – Pas moi./Pas lui. »
- "We earn a lot of money." "I don't."/"They don't."
  « Nous gagnons beaucoup d'argent. – Pas moi./Pas eux. »

Training

1 Complète ces phrases à l'aide de *question tags*.

1. They are in Canada, **... ...**?
2. She's not French, **... ...**?
3. You can't drive, **... ...**?
4. You love her, **... ...**?

2 Traduis les réponses brèves, en utilisant un auxiliaire.

1. "Can you sing?" (Oui.) "**...**"
2. "Do you want to eat now." (Non.) "**...**"
3. "I like mountains." (Moi aussi.) "**...**"
4. "We aren't tired." (Nous non plus.) "**...**"
5. "I hate fish." (Pas moi.) "**...**"

1 1. They are in Canada, aren't they? 2. She's not French, is she? 3. You can't drive, can you? 4. You love her, don't you?

2 1. Yes, I can. 2. No, I don't. 3. So do I. 4. Neither are we. 5. I don't.

Les types de noms

Comme en français, il existe en anglais des noms simples et des noms composés. Mais l'anglais fait une autre distinction très importante entre **noms dénombrables** et **noms indénombrables**, distinction qui n'existe pas en français.

73 Noms simples et noms composés

● Les noms simples sont formés d'une seule unité : *bike* (vélo), *girl* (fille), *school* (école). Les noms composés sont formés de deux noms. L'ordre des mots en anglais est **l'inverse** du français.

a music teacher → un prof de musique

a city centre → un centre-ville

● Quand un nom composé est formé de deux noms courts, il s'écrit souvent en un seul mot : *a bedroom* (une chambre à coucher), *a weekend* (un week-end), *toothpaste* (du dentifrice)...

● Dans les noms composés, le premier nom est presque toujours au singulier : *a horse race* (une course de chevaux), *shoe shops* (des magasins de chaussures).

CAREFUL!

Le premier nom **reste** au singulier, même quand il est précédé d'un nombre.

a fifty-**euro** bill
un billet de cinquante euro**s**

a thousand-**dollar** question
une question à mille dollar**s**

● Dans certains noms composés, le premier mot peut être formé à partir de V-*ing* : *a swimming pool* (une piscine), *a boarding school* (un pensionnat).

● Dans les noms composés, c'est habituellement le premier nom qui porte l'accent principal : *'music teacher, 'bedroom, 'toothpaste.*

74 Noms dénombrables et noms indénombrables

● Les **noms dénombrables** sont des noms que l'on peut compter avec des mots comme *a*, *two*, *many*. On peut dire *a dog*, *two dogs*, *many dogs* : le nom *dog* est dénombrable.

● Les **noms indénombrables** sont des noms qu'on ne peut pas compter. Ils ne peuvent pas être précédés de *a*, *two*, *many*. On ne peut pas dire ~~a~~ *love* : le nom *love* est indénombrable. On ne peut pas dire ~~a~~ *sugar* : le nom *sugar* est indénombrable.

CAREFUL!

Les noms indénombrables ne se mettent pas au pluriel : ~~*furnitures*~~, ~~*sugars*~~, ~~*golds*~~.

● Voici quelques noms indénombrables à retenir car ils sont très courants :

advice conseils	furniture meubles	information renseignements	news nouvelles
fruit fruits	hair cheveux	luggage bagages	toast toasts

some fruit
quelques fruits

two pieces of fruit
deux fruits

75 Comment employer les noms indénombrables ?

Les noms indénombrables sont suivis d'un **verbe au singulier**, mais on les traduit souvent par un pluriel.

- Your advice **was** useful.
  Tes conseils ont été utiles.
- The fruit **is** in the basket.
  Les fruits sont dans le panier.
- Their furniture **is** very old.
  Leurs meubles sont très vieux.
- His hair **is** too short.
  Ses cheveux sont trop courts.
- The information **was** wrong.
  Les renseignements étaient faux.
- Where **is** our luggage?
  Où sont nos bagages ?
- What **is** the news today?
  Quelles sont les nouvelles aujourd'hui ?
- The toast **is** on the counter.
  Les toasts sont sur le comptoir.

« Tes cheveux sont trop courts. »

Heureusement, on peut quand même dire « un conseil », « deux fruits », « trois meubles », « quatre toasts »... en anglais ! Pour cela, on utilise par exemple *a piece of*, *two pieces of*...

a **piece of** advice
un conseil

a **loaf of** bread
un pain

three **pieces of** furniture
trois meubles

a **lump of** sugar
un sucre

Pour dire « des nouvelles », « des renseignements »..., on peut employer ***some***. Mais le nom reste au singulier.

some advice
des conseils

some fruit
des fruits

some furniture
des meubles

some information
des renseignements

76 Comment reconnaître un nom indénombrable ?

Pour savoir si un nom est dénombrable ou indénombrable, il faut **consulter un dictionnaire**.

Il faut retenir cependant que sont indénombrables la plupart des noms qui désignent :

- des **matières** : *cotton* (le coton), *money* (l'argent) ;
- des **liquides** : *milk* (le lait), *water* (l'eau) ;
- des **termes abstraits** : *literature* (la littérature), *love* (l'amour), *philosophy* (la philosophie)…

Beaucoup de noms désignant la **nourriture** sont indénombrables : *bread* (le pain), *butter* (le beurre), *honey* (le miel), *jam* (la confiture), *pasta* (les pâtes), *salt* (le sel), *sugar* (le sucre)… Ils sont souvent précédés de « *a* + nom + *of* ».

a jar of jam
un pot de confiture

a pinch of salt
une pincée de sel

Toutefois, les noms désignant des fruits et légumes sont dénombrables : *an apple* (une pomme), *a potato* (une pomme de terre), *a salad* (une salade)…

Certains noms sont employés comme dénombrables ou comme indénombrables. Ils n'ont pas le même sens dans les deux cas.

dénombrable	indénombrable
a business (une entreprise)	business (les affaires)
a paper (un journal)	paper (du papier)
a glass (un verre)	glass (du verre)

"Look at those four cute little chickens." "Er, I won't eat chicken today."
« Regarde ces quatre petits poulets adorables. – Euh, je ne mangerai pas de poulet aujourd'hui. »

CAREFUL!

Weather et *work* sont indénombrables. On les emploie donc **sans *a***.

- We had foul weather in July.
  On a eu un temps pourri en juillet.
- It's hard work.
  C'est un travail difficile.

Training

1 Traduis les noms composés suivants. Que remarques-tu en comparant les deux langues ?

olive oil – a cotton dress – sugar cane – a bodyguard – a weekend – a car park – a sportswoman – food poisoning

2 Traduis.

1. Attention, les toasts sont brûlés.
2. Vous voulez un renseignement ?
3. Mes bagages sont dans la voiture. J'ai trois bagages noirs.
4. Les fruits sont plus chers l'hiver.
5. Quel temps merveilleux !

1 de l'huile d'olive – une robe en coton – de la canne à sucre – un garde du corps – une fin de semaine (un week-end) – un parking – une athlète – une intoxication alimentaire

Le plus souvent, on traduit d'abord le deuxième nom, puis le premier. Parfois, on utilise un seul nom en français (« parking » pour *car park*). Parfois on emploie le même nom : « week-end » !

2 1. Careful, the toast is burnt. 2. Would you like some information? (**ou** a piece of information) 3. My luggage is in the car. I have three black pieces of luggage. 4. Fruit is more expensive in (the) winter. 5. What marvellous weather!

Le pluriel des noms

« Les gens sont parfois si impolis. »

Il est facile de former le pluriel des noms : on ajoute **-s** au nom. Mais quelques noms très courants ont un pluriel irrégulier.

77 Les pluriels réguliers

- Le pluriel se forme en ajoutant ***-s*** au nom.

singulier		pluriel
a brother (un frère)	→	brothers
a dog (un chien)	→	dogs
a schoolbag (un cartable)	→	schoolbags

- Si le nom se termine par ***-s***, ***-x***, ***-ch***, ***-sh*** ou ***-o***, on ajoute ***-es***.

singulier		pluriel
a bus (un bus)	→	two buses
a fox (un renard)	→	two foxes
a watch (une montre)	→	two watches
a brush (une brosse)	→	two brushes
a tomato (une tomate)	→	two tomatoes

- Si le nom se termine par ***-y***, on écrit ***-ies***.
Mais si on a « voyelle + *-y* », on ne change rien.

singulier		pluriel
a cherry (une cerise)	→	two cherries
a boy (un garçon)	→	two boys

Prononciation du -*s* du pluriel

- /s/ après /f/, /k/, /p/, /t/ : *roofs* /ruːfs/, *backs* /bæks/, *caps* /kæps/, *rats* /ræts/
- /ɪz/ après /s/, /ʃ/, /z/, /dʒ/ : *buses* /ˈbʌsɪz/, *watches* /ˈwɒtʃɪz/, *roses* /ˈrəʊzɪz/, *pages* /ˈpeɪdʒɪz/
- /z/ dans tous les autres cas et donc après une voyelle : *bags* /bægz/, *telephones* /ˈtelɪfəʊnz/, *keys* /kiːz/, *ways* /weɪz/

78 Les pluriels irréguliers

● Quelques noms très courants ont un **pluriel irrégulier**.

singulier		pluriel
a child /tʃaɪld/ (un enfant)	→	children /ˈtʃɪldrən/
a man (un homme)	→	men
a woman (une femme)	→	women /ˈwɪmɪn/
a foot (un pied)	→	feet
a tooth (une dent)	→	teeth
a mouse (une souris)	→	mice /maɪs/

On dira donc *a sports**man*** (un sportif), *two sports**men*** (deux sportifs) et *a sports**woman*** (une sportive), *two sports**women*** (deux sportives).

● Plusieurs noms en *-f(e)* font leur pluriel en ***-ves***.

singulier		pluriel
a knife (un couteau)	→	knives
a leaf (une feuille [d'un arbre])	→	leaves
a shelf (une étagère)	→	shelves
a wife (une épouse)	→	wives
a wolf (un loup)	→	wolves

Mais *a cliff* (une falaise) → *cliffs* et *a roof* (un toit) → *roofs*.

- Quelques noms d'animaux sont invariables.

singulier		pluriel
a sheep (un mouton)	→	two sheep
a fish (un poisson)	→	two fish
a deer (un cerf)	→	two deer

- Les noms de famille prennent un ***-s*** au pluriel.

– The Martin**s** did not invite the Brown**s**.
Les Martin n'ont pas invité les Brown.

- Les noms de pays au pluriel sont suivis d'un verbe au **singulier**.

– The United States **is** south of Canada.
(The United States ~~are~~ south of Canada.)
Les États-Unis sont au sud du Canada.

CAREFUL!

Attention à la traduction du nom « **personne** ».

one person	two people	three people
une personne	deux personnes	trois personnes

79 Les noms toujours au pluriel

- Les objets qui sont en deux parties sont toujours au pluriel.

vêtements	instruments
jeans (un jean)	binoculars (des jumelles)
pyjamas (un pyjama)	glasses (des lunettes)
shorts (un short)	pliers (une pince)
trousers (un pantalon)	scissors (des ciseaux)
tights (un collant)	handlebars (un guidon)

– Your trousers **are** torn. (Your trousers ~~is~~ torn.)
Ton pantalon est déchiré.

● Les noms ***people*** et ***police*** sont toujours au **pluriel**, même s'ils ne ressemblent pas à des pluriels.

– People **are** so rude sometimes.
Les gens sont parfois si impolis.

– The police **have** arrived. (The police ~~has~~ arrived.)
La police est arrivée.

Training

1 Complète les groupes de mots suivants.

one child, four ... → four **children**

1. one sandwich, two ...
2. one potato, two kilos of ...
3. one woman, five ...
4. one tooth, thirty-two ...
5. one policeman, ten ...

2 Traduis. Attention à la traduction de certains noms au singulier.

1. Il y avait quatre personnes. Elles ont acheté huit couteaux.
2. Les loups préfèrent-ils les moutons ou les cerfs ?
3. Les Braun ont attrapé plusieurs poissons.
4. Ton pantalon est trop grand pour toi !
5. La police a retrouvé ton vélo.

1 1. two sandwiches 2. two kilos of potatoes 3. five women 4. thirty-two teeth 5. ten policemen

2 1. There were four people. They bought eight knives.
2. Do wolves prefer sheep or deer?
3. The Brauns caught (**ou** have caught) several fish.
4. Your trousers are too big for you!
5. The police have found your bike.

Les articles

L'article ***the*** se traduit très souvent par « le, la, les », mais « le, la, les » peut se traduire par *the* ou par l'article zéro !
L'article ***a*** est très proche de « un, une », mais parfois on emploie *a* en anglais et pas « un, une » en français.

80 L'article zéro (absence d'article)

On parle d'article zéro pour signaler l'absence d'article devant un nom. On le symbolise souvent à l'aide de Ø.

- On emploie l'article zéro pour exprimer des **généralités**.

– **Ø** Life is beautiful.
La vie est belle.
– **Ø** Computers have changed my life.
Les ordinateurs ont changé ma vie.
– **Ø** Spiders have eight legs.
Les araignées ont huit pattes.

- On emploie aussi l'article zéro dans des expressions courantes : *by bus* (en bus), *by car* (en voiture), *by plane* (en avion), *by train* (en train) et *on foot* (à pied).

81 L'article *the*

- On emploie *the* pour désigner une personne ou un objet **identifié** (« le, la, les » en français). Avec *the*, on sous-entend « tu sais de quoi je parle ».

– Shut **the** door, please.
Ferme la porte, s'il te plaît. [la porte de la pièce où nous sommes]
– Where is **the** dog?
Où est le chien ? [le chien de la maison]

Prononciation de *the*

/ðə/ devant un son de consonne	/ði/ devant un son de voyelle
the door (la porte) the house (la maison)	the umbrella (le parapluie) the other side (l'autre côté)

● On emploie *the* devant un élément **unique** (« le, la » en français).

the Earth
la Terre
the environment
l'environnement

the President
le Président
the Queen
la Reine

the sun
le soleil
the world
le monde

● On emploie *the* devant les **instruments de musique** (« du, de la » en français).

– She plays **the** piano and **the** guitar.
Elle joue du piano et de la guitare.

● « *The* + adjectif » est parfois utilisé pour désigner des **groupes humains** (« les » en français). L'adjectif reste invariable, mais le verbe est au pluriel.

the blind
les aveugles

the unemployed
les chômeurs

the young
les jeunes

– In my country **the** unemployed **get** help from the government.
Dans mon pays, les chômeurs reçoivent une aide du gouvernement.

● Avec les noms d'**animaux** ou d'**inventions** au singulier, on peut aussi utiliser *the* pour exprimer une généralité (« le, la, les » en français).

– **The** dog is a faithful animal.
Le chien est un animal fidèle.

– Who invented **the** telephone?
Qui a inventé le téléphone ?

82 Comment traduire « le, la, les » ?

« le, la, les » → ***the*** quand on parle de quelque chose ou quelqu'un en particulier
« le, la, les » → **article zéro** quand on parle de quelque chose ou quelqu'un en général

« Je déteste les chats ! »

Noms de lieux : article zéro ou *the*

be in bed
être au lit
go to bed
aller au lit

be at home
être à la maison
go home
rentrer, aller à la maison

be at school
être à l'école
go to school
aller à l'école

be at work
être au travail
go to work
aller au travail

mais :

go to the cinema/the theatre
aller au cinéma/au théâtre
go to the dentist/the doctor
aller chez le dentiste/le médecin

Television et *radio* : article zéro ou *the*

watch television
regarder la télévision

seen on television
vu à la télé

mais :

listen to the radio
écouter la radio

Last et *next* + nom : article zéro

last week
la semaine dernière

next month
le mois prochain

Noms de repas, de sports, de langues, de couleurs : article zéro

breakfast
le déjeuner

football
le football

swimming
la natation

English
l'anglais

red
le rouge

– Lunch is ready!
Le déjeuner est prêt !

Noms propres : article zéro

President Smith
le président Smith

Queen Elizabeth
[mais sans le prénom : *the Queen*]
la reine Élizabeth

England and France
l'Angleterre et la France

Doctor Anwar
le docteur Anwar

Lake Victoria
le lac Victoria

Noms propres : article *the*

noms de pays terminés par *kingdom* ou *states*
the United Kingdom (le Royaume-Uni), **the** United States (les États-Unis)

noms de mers, océans, rivières et montagnes
the Mediterranean (la Méditerranée), **the** Atlantic (l'Atlantique), **the** Thames /temz/ (la Tamise), **the** Alps (les Alpes)

83 L'article *a (an)* : formes

Prononciation de *a (an)*

a /ə/ devant un son de consonne	*an* /ən/ devant un son de voyelle
a nice friend (un copain sympa) a cat (un chat)	an animal (un animal) an easy choice (un choix facile)

- On ne prononce pas le *h* dans *hour* et *honest*. On dit donc : ***an** hour* (une heure), ***an** honest person* (une personne honnête).

– I had to wait **an** hour to get **an** honest answer.
J'ai dû attendre une heure pour obtenir une réponse honnête.

- On dit ***a** European*, ***a** uniform*, ***a** university*, car ces mots commencent par le son /j/.

– She has **a** European passport.
Elle a un passeport européen.

- *An + other* s'écrit en un seul mot : *another bus* (un autre bus).

84 L'article *a (an)* : emploi

- On emploie très souvent *a* comme « un, une ».

– She has **a** car.
Elle a une voiture.

– I'd like **a** milkshake.
Je voudrais un milkshake.

– **A** child needs affection.
Un enfant a besoin d'affection.

- Le pluriel de « un, une » est « des ». Pour traduire « des », on emploie l'article zéro (absence d'article) ou *some* (▸ 88).

– We're looking for volunteers.
(We're looking for **some** volunteers.)
Nous cherchons des volontaires.

- On emploie *a* devant les noms de métiers ou de fonctions (pas d'article en français).

– Leila is **a** magistrate, James is **a** dentist and I am **a** student.
Leila est magistrate, James est dentiste et moi, je suis étudiant.

- On emploie *a* entre *what* et un nom dénombrable (pas d'article en français).

– What **a** liar!
Quel menteur !

● On emploie *a* dans les unités de temps et de mesure (article « le » en français).

60 kilometres **an** hour
60 kilomètres à l'heure

ten dollars **a** litre
dix dollars le litre

● On emploie *a* pour traduire « par + durée » (pas d'article en français).

six times **a** month
six fois par mois

a hundred euros **a** week
cent euros par semaine

Training

1 Traduis.

1. J'aime le café, mais le café est un excitant (*a stimulant*).
2. J'ai vu un éléphant au zoo. C'est un animal énorme (*enormous*) !
3. Les enfants ont toujours raison (*be right*) !
4. Il va au cinéma.
5. Je ne veux pas regarder la télévision.

2 Traduis.

1. Les riches sont-ils responsables de (*responsible for*) l'environnement ?
2. Nora est prof de maths.
3. C'est un pays européen. J'y vais deux fois par an.
4. J'ai vu Seth il y a une heure, dans un autre magasin.

1 1. I like coffee, but coffee is a stimulant.
2. I saw an elephant at the zoo. It's an enormous animal!
3. Children are always right!
4. He's going to the cinema.
5. I don't want to watch TV (television).

2 1. Are the rich responsible for the environment?
2. Nora is a maths teacher.
3. It's a European country. I go there twice a year.
4. I saw Seth an hour ago, in another shop.

Les démonstratifs

« Cette montre est pour toi. »
« Cette montagne est magnifique. »

Les démonstratifs *this* et *that* servent très souvent à montrer quelque chose ou quelqu'un. Mais *this* et *that* peuvent aussi avoir un sens plus abstrait.

85 *This* et *that* : sens concret

- On associe souvent ***this*** à ce qui est proche et ***that*** à ce qui n'est pas proche, mais il est plus exact de dire que celui qui parle **se sent proche** de quelque chose avec *this* et non proche avec *that*.

- Le pluriel de *this* est ***these*** ; le pluriel de *that* est ***those***.

	singulier	pluriel
proche	this /ðɪs/	these /ðiːz/
non proche	that /ðæt/	those /ðəʊz/

- *This* et *that* peuvent s'employer avec un nom.

– **This watch** is for you.
Cette montre est pour toi.

– **That mountain** is so beautiful.
Cette montagne est si belle.

● *This* (ce, ceci) et *that* (ce, cela, ça) peuvent aussi s'utiliser sans nom.

- **This** is for you.
  C'est pour vous. [la montre que je tiens dans les mains]
- **That's** so beautiful!
  C'est si beau ! [la montagne qui se dresse devant nous]

● *This* et *that* peuvent être suivis de *one*. Au pluriel, on utilise *these* et *those*, le plus souvent sans *ones*.

this one (celui-ci, celle-ci)	that one (celui-là, celle-là)
these (ceux-ci, celles-ci)	those (ceux-là, celles-là)

- **This one** is too big and **that one** too small.
  Celui-ci est trop grand et celui-là trop petit.
- "Do you like **these shoes**?" "I prefer **these** to **those**."
  « Tu aimes ces chaussures ? – Je préfère celles-ci à celles-là. »

86 *This* et *that* : sens plus abstrait

● Au téléphone, *this* désigne celui qui parle, et *that* celui à qui on s'adresse (non proche).

- Hi, **this** is Sofia. Is **that** Trish?
  Bonjour, c'est Sofia. C'est Trish ?

● Pour présenter quelqu'un (proche), on utilise toujours *this*, même pour deux personnes.

- **This** is Mary and **this** is John and Samia.
  Voici Mary et voici John et Samia.

● Quand on reprend des paroles, on préfère *that* à *this*.

- "I passed all my exams!" "**That**'s amazing."
  « J'ai été reçu à tous mes examens ! – C'est incroyable. »

- Quand on parle du passé, on préfère utiliser *that*.

– **That** was incredible! I wonder how she did **that**.
C'était incroyable, ça ! Je me demande comment elle a fait ça.

- Voici des **expressions** courantes avec *this* ou *that*.

this (ou *these*) [proche]	**this** year (cette année [l'année présente]), **these** days (de nos jours)
that (ou *those*) [non proche]	**that** year (cette année-là), in **those** days (à cette époque-là), **that**'s all (c'est tout)

Training

1 Choisis le démonstratif qui convient.

1. Did you see **...** shooting star (*étoile filante*)? Let's make a wish!
2. I love **...** tea. Do you want a sip (*une gorgée*)?
3. **...** children here are very friendly. **...** children over there are a bit difficult.
4. What is **...** behind your back?

2 Traduis en utilisant des démonstratifs.

1. Tu voudrais celui-ci ou celui-là ?
2. Je préfère ceux-ci à ceux-là.
3. « Ils sont partis hier. – C'est impossible. »
4. De nos jours, tout le monde sait utiliser un ordinateur.

1 1. that shooting star
2. this tea
3. These children/Those children
4. that

2 1. Would you like this one or that one?
2. I prefer these to those.
3. "They left yesterday." "That's impossible."
4. These days, everybody can use a computer.

Some, any et no

Some et *any* expriment tous deux une certaine quantité mais ils ne s'emploient pas dans les mêmes types de phrases.
Not any et *no* expriment tous deux une quantité nulle ; mais ils ne se construisent pas de la même façon.

87 *Some* dans les affirmations, *any* dans les questions

Le plus souvent, *some* s'emploie dans les **affirmations**, *any* dans les **questions**.

● *Some* et *any* peuvent s'employer avec un nom.
Ils signifient dans ce cas « de, de la, du, des ».

- I want **some butter**, **some jam**… and **some cookies**.
  Je veux du beurre, de la confiture… et des biscuits.
- Do you have **any questions**?
  Vous avez des questions ?

● *Some* et *any* peuvent s'employer sans nom.
On les traduit alors souvent par « en ».

- Yes, I want **some**.
  Oui, j'en veux.
- Did they buy **any**?
  Ils en ont acheté ?

Prononciation de *some*

Some suivi d'un nom se prononce le plus souvent /səm/.
Sinon, il se prononce /sʌm/.

- I want some butter and some jam.
  Yes, I want some.
  Je veux du beurre et de la confiture.
  Oui, j'en veux.

« Je veux de la confiture. »

88 Comment traduire « de (la), du, des » ?

● Si « de, de la, du, des » signifie « un peu » ou « quelques », on le traduit par ***some*** dans les affirmations et par ***any*** dans les questions.

– Here's **some** money to buy **some** vegetables.
  Voici de l'argent pour acheter des légumes. [un peu d'argent, quelques légumes]
– Do you need **any** help?
  Vous avez besoin d'aide ?

● Si « de, de la, du, des » ne signifie pas « un peu » ou « quelques », on le traduit par l'article **zéro** (Ø).

– "I sell fish, and you?" "I sell shoes."
  « Je vends du poisson, et vous ? – Je vends des chaussures. » [« Du poisson » ne signifie pas « un peu de poisson », ni « des chaussures » « quelques chaussures ».]
– You have beautiful eyes.
  Tu as de beaux yeux. [« De beaux yeux » ne signifie pas « quelques beaux yeux » !]

89 Autres emplois de *some* et *any*

● On peut employer *some* dans les questions pour **offrir** ou **demander** quelque chose.

– Would you like **some** tea?
  Est-ce que vous voulez du thé ?
– Can I have **some** crisps?
  Est-ce que je peux avoir des chips ?

● On peut aussi employer *some* dans les questions quand on s'attend à une réponse positive.

– Did you buy **some** honey, as I asked you to?
  Est-ce que tu as acheté du miel, comme je te l'ai demandé ?

● Selon le contexte, dans une affirmation, *some* peut signifier « certains ».

– **Some** people walked out during the film.
  Certaines personnes sont sorties pendant le film.

● *Any* dans une phrase affirmative signifie « n'importe quel ».

– **Any** child knows that.
N'importe quel enfant sait ça.

90 Les pronoms en *some-*, *any-* et *no-*

some-	*any-*	*not... any-*
somebody, someone	anybody, anyone	not… anybody, not… anyone
quelqu'un		ne… personne
something	anything	not… anything
quelque chose		ne… rien
somewhere	anywhere	not… anywhere
quelque part		ne… nulle part

● Les pronoms en *some-* s'emploient comme *some* surtout dans les phrases affirmatives.

– I'd like **something** for my little sister.
Je voudrais quelque chose pour ma petite sœur.

– **Someone** has just called.
Quelqu'un vient de téléphoner.

● Les pronoms en *any-* s'emploient comme *any* surtout dans les questions.

– Is there **anything** in the fridge?
Est-ce qu'il y a quelque chose dans le frigo ?

– Does **anyone** speak Japanese?
Est-ce que quelqu'un parle japonais ?

● À la forme négative, on emploie les pronoms en *any-* (▸ 91).

– There isn't **anybody** in the classroom.
Il n'y a personne dans la classe.

– I didn't say **anything**.
Je n'ai rien dit.

● À la place de *not... anybody*, *not... anything*, *not... anywhere*, on peut employer *nobody*, *nothing*, *nowhere*. Attention : les pronoms en *no-* s'emploient avec un verbe **affirmatif**.

not + anybody	*nobody, no one*
There **isn't** anybody in the classroom.	There **is** nobody in the classroom. There **is** no one in the classroom.

Il n'y a personne dans la classe.

not + anything	*nothing*
I **didn't** say anything, sir!	I **said** nothing, sir!

Je n'ai rien dit, monsieur !

not + anywhere	*nowhere*
We'**re not** going anywhere.	We'**re** going nowhere.

Nous n'allons nulle part.

● Dans une phrase affirmative, *anything* signifie « n'importe quoi », « tout » et *anybody* « n'importe qui ».

- I would do **anything** to prove my love.
  Je ferais n'importe quoi pour prouver mon amour.

CAREFUL!

Les pronoms en *some-*, *any-*, *no-* peuvent être suivis d'un adjectif. En français, on emploie « de » avant l'adjectif.

someone interesting — quelqu'un **d**'intéressant

nothing important — rien **d**'important

91 *Not... any* et *no* : « pas de »

● *Not... any* (ou *n't... any*) correspond à « pas de ». Attention : *any* n'est pas un mot négatif. Pour exprimer « ne pas », il doit être accompagné de ***not***.

- I do**n't** have **any** money. And I do**n't** have **any** friends.
  Je n'ai pas d'argent. Et je n'ai pas d'amis.
- We have**n't** bought **any** stamps.
  Nous n'avons pas acheté de timbres.

«Pas de» se traduit très souvent par *not* ... *any*. Mais on peut aussi utiliser «*no* + nom». Avec «*no* + nom», le verbe est à la forme affirmative.

not + *any* + nom	*no* + nom
I do**n't** have **any** money.	I have **no** money.
I do**n't** have **any** friends.	I have **no** friends.

CAREFUL!

Les noms **indénombrables** s'emploient au **singulier** (*no money*) et les noms **dénombrables** au **pluriel** (*no friends*).

92 *None* : «aucun»

None veut dire «aucun», mais quand «aucun» signifie «aucun des deux», on le traduit par *neither* (▸95).

- "How many books did you buy?" "**None**."
  «Combien de livres as-tu achetés ? – Aucun.»
- **None** of my friends called me.
  Aucun de mes amis ne m'a téléphoné.

93 *Not... any more* : «ne... plus»

Not... any more se traduit par «ne... plus».

- I do**n't** like this team **any more** (**anymore**).
  Je n'aime plus cette équipe.
- We ca**n't** wait **any more**.
  Nous ne pouvons plus attendre.

On peut remplacer *more* par *longer*.

- I do**n't** like this team **any longer**.
- We ca**n't** wait **any longer**.

CAREFUL!

- *Any more* et *any longer* se placent à la fin de la phrase.
- On peut remplacer *not... any longer* par *no longer.*

– I do**n't** like this team **any longer**.
(I **no longer** like this team.)

« Nous ne pouvons plus attendre. »

Training

1 Complète ces phrases à l'aide de *some* ou de *any*.

1. I need **...** help.
2. "Do you need **...** help?" "No, thank you. I don't need **...** help."
3. "Here is **...** money for the bus." "I don't want **...** "
4. "Shut up!" "I didn't say **...**thing."

2 Remplace *not... any* par *no* et inversement.

We don't use any additives. → We use no additives.

1. I didn't see anybody this morning.
2. "They said nothing." "Well, they had nothing to say."
3. Julia didn't go anywhere during the Easter break.
4. You didn't eat anything. Are you sick?

1 1. some help 2. any help/any help 3. some money/any
4. anything [en un seul mot]

2 1. I saw nobody (no one) this morning.
2. "They didn't say anything." "Well, they didn't have anything to say."
3. Julia went nowhere during the Easter break.
4. You ate nothing. Are you sick?

Both, either et neither

Avec *both*, *either* et *neither*, on parle de **deux** objets ou de **deux** personnes.

94 *Both* : « les deux »

- *Both* /bəʊθ/ peut être suivi d'un nom.

– Keep **both hands** on the handlebars!
Garde les deux mains sur le guidon !

- On peut utiliser un déterminant possessif (*my*, *your*...) entre *both* et le nom.
Attention à l'ordre des mots : « *both* + possessif + nom ».

– Both **my** parents are teleworkers.
Mes deux parents sont télétravailleurs.

- Quand *both* porte sur un pronom, deux constructions sont possibles : « pronom sujet + *both* » ou « *both of* + pronom complément ».

– **They both** resigned after the meeting.
(**Both of them** resigned after the meeting.)
Ils ont tous les deux démissionné après la réunion.

- *Both... and* est l'équivalent de « à la fois... et ».

– She was **both** tired **and** excited.
Elle était à la fois fatiguée et enthousiaste.

95 *Either* : « l'un ou l'autre », *neither* : « aucun des deux »

- *Either* /ˈaɪðə/ et *neither* /ˈnaɪðə/ peuvent être suivis d'un nom.

– "Monday or Tuesday?" "**Either** (day) is fine."
« Lundi ou mardi ? – L'un ou l'autre (jour) me convient. »

– I have two laptops. **Neither** (laptop) works properly.
J'ai deux portables. Aucun des deux (portables) ne marche bien.

CAREFUL!

« Aucun » se traduit habituellement par ***none*** (▸ 92), mais « aucun des deux » se traduit par *neither*.

- On utilise ***neither of*** devant un **pronom** ou un **déterminant**.

– It was a good restaurant, but neither of **them** was hungry.
C'était un bon restaurant, mais aucun des deux n'avait faim.

– Neither of **my** parents was invited.
Mes parents n'ont été invités ni l'un, ni l'autre.

- *Either... or* signifie « soit..., soit... », *neither... nor* « ni..., ni... ».

– He's **either** at home **or** at school.
Il est soit à la maison, soit à l'école.

– They speak **neither** French **nor** English.
Ils ne parlent ni français, ni anglais.

Training

1 Complète ces phrases à l'aide de *both*, *either* ou *neither*.

1. "Do you want a plastic or a metal knife?" "**...** is fine."

2. "You've got two computers, but **...** works properly."
"I know but I need them **...** "

2 Traduis.

1. Kim est à la fois américaine et européenne.

2. Laurie et John ont tous les deux raison.

3. Leurs deux sœurs sont nées en septembre.

4. Je n'ai ni beurre, ni margarine (*margarine*).

1 1. Either is fine. 2. ... neither works properly. I need them both.

2 1. Kim is both American and European.
2. Both Laurie and John are right. (Laurie and John are both right.)
3. Both their sisters were born in September.
4. I've got neither butter, nor margarine.

A lot, much, many, little, few

96 *A lot (of)*

- *A lot (of)* signifie « beaucoup (de) ». On peut employer *lots of* à la place de *a lot of*.

– We go out **a lot**.
Nous sortons beaucoup.

– I've got **a lot of** money and **a lot of** friends!
(I've got **lots of** money and **lots of** friends!)
J'ai beaucoup d'argent et beaucoup d'amis !

- *Quite a lot (of)* signifie « pas mal (de) ».

– We go out **quite a lot**, because we have **quite a lot of** money.
Nous sortons pas mal, parce que nous avons pas mal d'argent.

97 *Much* et *many*

Much et *many* signifient aussi « beaucoup ». Mais leurs emplois sont très différents.

- *Many* s'emploie **toujours** avec un nom **pluriel** dans tous les types de phrases.

– I've got **many** friends.
J'ai beaucoup d'amis.

- *Much* s'emploie seul ou avec un nom **singulier**, dans les phrases négatives et interrogatives, presque jamais dans les phrases affirmatives.

– I haven't got **much** money.
Je n'ai pas beaucoup d'argent.

– Do you go out **much**?
Vous sortez beaucoup ?

CAREFUL!

On ne peut pas se tromper avec *a lot (of)*, car on peut l'utiliser dans tous les types de phrases ! En plus, on n'a pas besoin de se demander si le nom est singulier ou pluriel !

98 *Too much/too many, as much/as many...*

On trouve aussi *much* et *many* dans *too much/too many, as much/as many* et *so much/so many.*

● ***Too much*** signifie « trop ». Il peut être suivi d'un nom **singulier** (trop de). ***Too many*** signifie aussi « trop de », mais il est toujours suivi d'un nom **pluriel.**

- You work **too much**.
  Tu travailles trop.
- There's **too much noise**.
  Il y a trop de bruit.
- There are **too many** television **channels**.
  Il y a trop de chaînes de télévision.

● « ***As much*** + nom **singulier** + *as* » et « ***as many*** + nom **pluriel** + *as* » signifient « autant de... que ».

- We have **as much money as** you.
  Nous avons autant d'argent que vous.
- We have **as many friends as** you.
  Nous avons autant d'amis que vous.

● ***So much*** signifie « tellement ». Il peut être suivi d'un nom **singulier** (tellement de). ***So many*** signifie aussi « tellement de » mais il est toujours suivi d'un nom **pluriel.**

- They talk **so much**!
  Ils parlent tellement !
- I've never seen **so much money** in my life.
  Je n'ai jamais vu autant d'argent de ma vie.
- There are **so many things** I want to say.
  Il y a tellement de choses que je veux dire.

99 *A little* et *a few*

- «*A little* + nom **singulier**» signifie «un peu de». On peut remplacer *a little* par *a bit* ***of***.

— I've got **a little** time. (I've got **a bit of** time.)
J'ai un peu de temps.

«***Enough*** + nom» est proche de *a little* et signifie «assez de».

— Do we have **enough time** to do all this?
Est-ce qu'on a assez de temps pour faire tout ça ?

- «*A few* + nom **pluriel**» signifie «quelques».

— I've got **a few friends**.
J'ai quelques amis.

Several est proche de *a few* et signifie «plusieurs».

— I've got **several** close **friends**.
J'ai plusieurs amis proches.

- On peut employer *a little* et *a few* sans nom. Dans ce cas, *a little* se traduit par «un peu» et *a few* par «quelques-uns».

— "Do you speak German?" "Yes, **a little**."
« Tu parles allemand ? – Oui, un peu. »

— "How many messages did you get?" "Just **a few**."
« Tu as reçu combien de messages ? – Juste quelques-uns. »

- «*A little* + adjectif» signifie «un peu + adjectif». On peut remplacer *a little* par *a bit*.

— We're **a little** tired. (We're **a bit** tired.)
Nous sommes un peu fatigués.

100 *Little* et *few*

- «Ø *little* + nom **singulier**» et «Ø *few* + nom **pluriel**» signifient «Ø peu de».

— We have **little money** but we're happy.
Nous avons peu d'argent mais nous sommes heureux.

— It's good: there are **few mistakes**.
C'est bien : il y a peu d'erreurs.

● Différence entre *a little* et *little* et entre *a few* et *few*.

petite quantité	quantité insuffisante
a little (un peu)	Ø little (peu)
a few (quelques)	Ø few (peu)

« Nous sortons beaucoup. »

Training

1 Complète ces phrases à l'aide de *a lot of*, *much*, *many*, *a little* ou *a few*, en fonction de l'indication entre parenthèses.

1. We've got ... time. The train leaves in two hours. (beaucoup)
2. "Does she have ... friends?" "Yes, she does." (beaucoup)
3. Kevin took ... pictures. Would you like to see them? (quelques)
4. We have ... time, not too much. (un peu)
5. It doesn't take ... courage to insult people. (beaucoup)

2 Complète ces phrases à l'aide de *little*, *a little*, *few* ou *a few* puis traduis-les.

1. Unfortunately, there are ... people. It's a pity.
2. There are ... people. It's not too bad.
3. They are ... angry because of what you've done.
4. They have very ... money.
5. This meat needs ... salt, but not too much.

1 1. a lot of 2. many **ou** a lot of 3. a few 4. a little 5. much **ou** a lot of

2 1. **few** - Malheureusement, il y a peu de gens. C'est dommage.
2. **a few** - Il y a quelques personnes. Ce n'est pas trop mal.
3. **a little** - Ils sont un peu en colère à cause de ce que tu as fait.
4. **little** - Ils ont très peu d'argent.
5. **a little** - Cette viande a besoin d'un peu de sel, mais pas trop.

All, every, each et most

Avec *all*, *every* et *each*, on s'intéresse à la totalité (tout, chaque), mais ces trois mots ne s'emploient pas de la même façon. *Most* en est proche quand il signifie « la plupart ».

101 *All* : « tout, toute, tous, toutes »

- *All* correspond à « tout, toute, tous, toutes ».

– **All** my girlfriends came to the party.
Toutes mes amies sont venues à la fête.

– They talked **all** the time.
Ils ont parlé tout le temps.

- Pour dire « tous les... » en anglais, on emploie « *all* + nom » si on parle d'un groupe en général et « *all the* + nom » si on parle d'un groupe en particulier.

– **All** children like fairy tales.
Tous les enfants aiment les contes de fées.

– **All the** children in this class like fairy tales.
Tous les enfants de cette classe aiment les contes de fées.

CAREFUL!

À la forme **négative**, on emploie ***not** all*.

– **Not all** children like fairy tales.
(~~All children don't like~~ fairy tales.)
Tous les enfants n'aiment pas les contes de fées.

- On peut employer *all of* à la place de *all* avant un déterminant. On peut donc dire *all my girlfriends* ou *all of my girlfriends*.

CAREFUL!

Avant un pronom personnel, *of* est obligatoire : *all **of** us* (nous tous), *all **of** you* (vous tous), *all **of** them* (eux tous).

102 *Every* et *each* : « chaque »

● *Every* correspond à « chaque ». *Every*, comme « chaque », est **toujours** suivi d'un nom **singulier**. Quand « *every* + nom » est sujet, le verbe s'accorde à la 3e personne du singulier.

– Every train **has** six carriages.
Chaque train a six voitures.

● Il ne faut pas confondre *every* et *all*.

every day chaque jour	every morning chaque matin	every time à chaque fois
all day toute la journée	all morning toute la matinée	all the time tout le temps

● Avec ***each***, on insiste sur chaque unité. Le sens est plus proche de « chacun ».

– **Each** train has six carriages.
Chaque train a six voitures. [Chacun des trains...]

● Alors qu'*every* est obligatoirement suivi d'un nom, *each* peut s'employer seul.

– **Each** has six carriages. (~~Every~~ has six carriages.)
Chacun a six voitures.

103 Les composés en *every-*

everybody ou *everyone* (tout le monde)	Everyone is here. Tout le monde est là.
everything (tout, toutes les choses)	Everything went well. Tout s'est bien passé.
everywhere (partout)	I've looked everywhere and I can't find it. J'ai regardé partout et je ne le trouve pas.

104 *Most* : « la plupart de »

● *Most* est suivi directement du nom.

– **Most children** like fairy tales.
La plupart des enfants aiment les contes de fées.

– **Most people** support that idea.
La plupart des gens soutiennent cette idée.

● Avant un déterminant ou un pronom, ***of*** est obligatoire.

– **Most of the children** in this class like fairy tales.
La plupart des enfants de cette classe aiment les contes de fées.

– **Most of them** support that idea.
La plupart d'entre eux soutiennent cette idée.

● Il ne faut pas confondre *most* (la plupart de) et *the most* (« le plus », ▸ 134).

Training

1 Choisis la bonne solution.

1. My friends work every time/all the time.
2. I was in bed every morning/all morning. That's why I didn't see you this morning.
3. Every school have/has a playground.
4. All the neighbours/Every neighbour were invited.
5. I go to school all day/every day of the week but not on Sundays!

2 Complète à l'aide de *all*, *each*, *every* ou *most*.

1. ... people were present. I think ninety percent were here.
2. ... of them are happy with the results. Yes, one hundred percent are happy!
3. These paintings are dear to me. ... has its own history.
4. I looked ...where for my mobile phone.

1 1. all the time 2. all morning 3. has 4. All the neighbours 5. every day
2 1. Most people 2. All of them 3. Each 4. Everywhere [en un seul mot]

Les nombres

Les nombres **cardinaux** permettent de compter (412 euros). Les nombres **ordinaux** permettent de classer dans un ordre (1er, 2e...).

105 Formes des nombres cardinaux et ordinaux

cardinaux		ordinaux	
1	one	1st	first
2	two	2nd	second /ˈsekənd/
3	three	3rd	third
4	four	4th	fourth
5	five /faɪv/	5th	fifth /fɪfθ/
6	six	6th	sixth
7	'seven	7th	'seventh
8	eight /eɪt/	8th	eighth /eɪtθ/
9	nine /naɪn/	9th	ninth /naɪnθ/
10	ten	10th	tenth
11	e'leven	11th	e'leventh
12	twelve	12th	twelfth /twelfθ/
13	thir'teen	13th	thir'teenth
14	four'teen	14th	four'teenth
15	fif'teen /fɪf'tiːn/	15th	fif'teenth
16	six'teen	16th	six'teenth
17	seven'teen	17th	seven'teenth
18	eigh'teen	18th	eigh'teenth
19	nine'teen	19th	nine'teenth
20	'twenty	20th	'twentieth /ˈtwentiəθ/
21	twenty-'one	21st	twenty-'first
30	'thirty	30th	'thirtieth
40	'forty	40th	'fortieth
50	'fifty	50th	'fiftieth
60	'sixty	60th	'sixtieth
70	'seventy	70th	'seventieth
80	'eighty	80th	'eightieth
90	'ninety	90th	'ninetieth
100	a/one 'hundred	100th	'hundredth
1000	a/one 'thousand	1000th	'thousandth

- On ajoute *-th* aux nombres cardinaux pour former les nombres ordinaux, sauf pour ***first*** (premier), ***second*** (deuxième) et ***third*** (troisième) et leurs dérivés (*twenty-first*...).

- Attention à l'orthographe des nombres suivants : *fifth*, *eighth*, *ninth*, *twelfth*, *twentieth*, *forty* (sans *u*).

- *-teen* est accentué alors que *-ty* n'est jamais accentué.

106 Emploi des nombres cardinaux et ordinaux

- On emploie ***and*** entre *hundred*, *thousand*, *million* et les nombres de 1 à 99. On utilise la virgule pour séparer les milliers. En anglais américain, *and* est facultatif.

356	three hundred **and** fifty-six
1,001	one thousand **and** one
1,000,020	one million **and** twenty

- *Dozen* (douzaine), *hundred* (cent), *thousand* (mille) et *million* (million) sont **invariables** quand ils sont précédés d'un chiffre.

four **dozen** eggs
quatre douzaines d'œufs
five **hundred** people
cinq cents personnes

- *Dozen*, *hundred*, *thousand* et *million* sont **variables** quand ils sont employés comme des noms, au sens de « des douzaines », « des centaines », « des milliers », « des millions ». Dans ce cas, ils prennent le ***-s*** du pluriel.

hundreds of complaints
des centaines de plaintes
millions of animals
des millions d'animaux

- On emploie des **ordinaux** pour les noms de rois et de papes. On écrit : *Queen Elizabeth II* (la reine Élizabeth II), *Pope Benedict XVI* (le pape Benoît XVI), mais on dit : *Queen Elizabeth the Second* et *Pope Benedict the Sixteenth*.

- 0 se dit *zero* /ˈzɪərəʊ/.

– My extension is **050** in room **601**. [*zero five zero* et *six zero one*]
Mon poste est le 050, chambre 601.

Dans les numéros de téléphone, 0 peut aussi se prononcer comme *Oh* /əʊ/.

107 Les fractions et les décimales

- Il faut retenir quelques fractions d'usage courant.

¼ : a quarter (un quart)
⅓ : a third (un tiers)
½ : one half (un demi)
¾ : three quarters (trois quarts)

- Il faut faire attention à l'ordre des mots avec *half*.

(in) **half** an hour
(dans) une demi-heure

an hour and a **half**
une heure et demie

Ø **half** (of) the students
la moitié des étudiants

Ø **half** (of) my money
la moitié de mon argent

- **Les décimales** se lisent chiffre par chiffre. On utilise un **point** avant les décimales, et non une virgule comme en français.

6.56: six point five six
6,56 : six virgule cinquante-six

108 L'ordre des mots avec *first, last, next* et *other*

Le **cardinal** se place après l'ordinal et après *last*, *next* et *other*.

the first **twenty** members
les **vingt** premiers membres

the last **ten** chapters
les **dix** derniers chapitres

the next **four** days
les **quatre** prochains jours

the other **thousand** dollars
les **mille** autres dollars

109 Lire et écrire les dates

- Les années se lisent par groupes de deux.

1800 : eighteen hundred
1945 : nineteen forty-five

mais :

2000 : two thousand
2009 : two thousand and nine
2020 : two thousand and twenty (**ou** twenty twenty)

- Les jours s'écrivent de deux façons :

27 ou 27th May 1999 [anglais britannique]
May 27, 1999 [anglais américain]

- On lit :

the twenty-seven**th of** May, nineteen ninety-nine
[anglais britannique]
May (the) twenty-seven**th**, nineteen ninety-nine
[anglais américain]

- Les noms de jours et de mois prennent toujours une **majuscule** en anglais, contrairement au français.

CAREFUL!

2.9.18 ou 2/9/18 signifie le 2 septembre 2018 en anglais britannique et le 9 février 2018 en anglais américain.

«Première !» «Deuxième !» «Troisième !» «Quatrième !»

110 Dire l'heure

● Pour demander l'heure, on dit :

– What time is it?
Quelle heure est-il ?

● On répond :

5:00 It's five (o'clock).
Il est cinq heures.

It's about five.
Il est environ cinq heures.

It's five o'clock sharp.
Il est cinq heures précises.

12:00 It's noon. (It's midday.)
Il est midi.

It's midnight.
Il est minuit.

7:15 It's seven fifteen.
Il est sept heures quinze.

It's a quarter past seven.
Il est sept heures et quart.

10:30 It's ten thirty.
Il est dix heures trente.

It's half past ten.
Il est dix heures et demie.

9:45 It's nine forty-five.
Il est neuf heures quarante-cinq.

It's a quarter to ten.
Il est dix heures moins le quart.

1:57 It's one fifty-seven.
Il est une heure cinquante-sept.

It's three minutes to two.
Il est deux heures moins trois.

4:03 It's four oh three.
(It's three minutes past four.)
Il est quatre heures trois.

CAREFUL!

Lorsqu'on donne l'heure entre midi et minuit, on ajoute **p.m.** /piːˈem/. Pour le matin, on précise **a.m.** /eɪˈem/.

8 p.m. (8 heures du soir, 20 heures)

4 a.m. (4 heures du matin)

111 L'emploi de *one*

- *One* est l'équivalent du chiffre « un ». Mais il sert aussi à reprendre un nom, tout comme « un » dans « j'en veux **un** ».

– She has an ice cream. I want **one** too!
Elle a une glace. J'en veux **une**, moi aussi !

- On emploie aussi ***one*** après un **adjectif**.

– This is a big cake. Can I have **a small one**?
(Can I have ~~a small~~?)
C'est un gros gâteau. Je peux en avoir un petit ?

CAREFUL!

En français, on peut dire « un + adjectif » ou « le + adjectif » : « un petit ». En anglais, on est obligé d'ajouter *one* après l'adjectif : *a small* ***one***.

- Au pluriel, on emploie *ones*.

– These cakes are too big. Can I have some small **ones**?
Ces gâteaux sont trop gros. Je peux en avoir des petits ?

- « Un autre » se dit *another one*, « l'autre » *the other one* et « d'autres » *some other ones*.

– Give me **another one/the other one**.
Donne-m'en un autre./Donne-moi l'autre.

– Give me **some other ones**.
Donne-m'en d'autres.

CAREFUL!

An + other s'écrit en un seul mot : ***another*** *car* (une autre voiture).

- *The one that* correspond à « celui qui/que » et *the ones that* à « ceux qui/que ».

– Give me **the one that** is behind you.
Donne-moi celle qui est derrière toi.

– I prefer **the ones that** you bought.
Je préfère celles que tu as achetées.

● *Which one?* correspond à « Lequel ? » et *Which ones?* à « Lesquels ? » (▶ 149).

– **Which one** do you want?
  Laquelle voulez-vous ?
– **Which ones** do you want?
  Lesquelles voulez-vous ?

Training

1 Écris en toutes lettres.

the 3rd person : ...
the 15th chapter : ...
7.89 : ...
963 : ...
My extension is 6070. ...
It's 12, so it's lunchtime! ...
King George VI : ...

2 Traduis.

« Non, pas la rouge, la verte, s'il vous plaît. J'adore les pommes vertes. Mais les rouges sont bonnes aussi… Donnez-m'en une autre. Une grosse. Non, trois… Trois petites… Euh, monsieur, les deux autres pommes sont trop petites. »

1 the third person – the fifteenth chapter – seven point eight nine – nine hundred and sixty-three – My extension is six zero seven zero (**ou** six oh seven oh). – It's noon (midday)... – King George the Sixth

2 "No, not the red one, the green one, please. I love green apples. But red ones are good too... Give me another one. A big one. No, three... Three small ones. Uh, Sir, the other two apples are too small."

Les pronoms personnels

Un pronom est un petit mot grammatical qui remplace un nom ou un groupe nominal. Les pronoms personnels sont très fréquents. Il est essentiel de ne pas confondre les pronoms personnels **sujets** et les pronoms personnels **compléments**.

112 Les pronoms personnels : *I*, *me*...

● Les pronoms personnels **sujets** s'emploient comme en français, mais le pronom *I* s'écrit toujours avec une majuscule.

I know George.	Je connais George.
You know George.	Tu connais George. Vous connaissez George.
He knows George.	Il connaît George.
She knows George.	Elle connaît George.
We know George.	Nous connaissons George.
They know George.	Ils connaissent George.

L'équivalent de « moi, je... » est simplement *I*, qui est accentué à l'oral. À l'écrit, on souligne *I* pour signaler qu'il est accentué.

– I don't agree.
Moi, je ne suis pas d'accord.

● Les pronoms personnels **compléments** s'emploient aussi comme en français. Mais en anglais on garde l'ordre « sujet + verbe + complément ».

George knows **me**.	George me connaît.
George knows **you**.	George te connaît. George vous connaît.
George knows **him**.	George le connaît.
George knows **her**.	George la connaît.
George knows **us**.	George nous connaît.
George knows **them**.	George les connaît.

● Après une préposition, on emploie les pronoms personnels compléments : *with **me*** (avec moi), *to **her*** (à elle), *for **him*** (pour lui), *on **them*** (sur eux).

113 Le pronom personnel *it*

● *He* renvoie à un garçon ou à un homme, *she* à une fille ou à une femme. Si on ne parle pas d'êtres humains, il faut utiliser ***it***. Il faut donc faire attention à la traduction de « il », « elle ».

– Pass me the towel. **It** is behind you.
  Passe-moi la serviette. **Elle** est derrière toi.

● Mais on peut employer *he* ou *she* pour des animaux familiers.

– Where is Beauty? **She**'s not in her kennel.
  Où est Beauty ? Elle n'est pas dans sa niche.

● On utilise « ***it's*** (*it is*) + pronom » comme « c'est + pronom ». Après *it's*, on emploie les pronoms personnels compléments.

– It's **me**.
  C'est moi.

● *It* peut aussi correspondre au pronom impersonnel « il ».

– **It**'s three o'clock. **It**'s late. **It**'s time to go.
  Il est trois heures. **Il** est tard. **Il** est temps de partir.

– **It**'s raining. No, **it**'s snowing! **It**'s so cold.
  Il pleut. Non, **il** neige ! **Il** fait si froid.

● On trouve aussi ***it's*** suivi d'un adjectif et de *to*. En français, on emploie dans ce cas « Il est » ou « C'est ».

– **It's impossible** to answer their question.
  Il est impossible (C'est impossible) de répondre à leur question.

– **It's nice to** trust people.
  C'est agréable de faire confiance aux gens.

Les possessifs

Les **possessifs** permettent de dire à qui appartient quelque chose. Attention à la différence entre les **déterminants** possessifs (*my* : mon, ma, mes) et les **pronoms** possessifs (*mine* : le mien, la mienne, les miens, les miennes).

114 Les déterminants possessifs : *my, your...*

my	mon/ma/mes
your	ton/ta/tes ou votre/vos
his/her/its	son/sa/ses
our	notre/nos
their	leur/leurs

- Les déterminants possessifs sont suivis d'un nom.

my bag
mon sac

your bag
ton sac/votre sac

my car
ma voiture

your car
ta voiture/votre voiture

my emails
mes e-mails

your emails
tes e-mails/vos e-mails

- On accorde le déterminant possessif avec le **possesseur**. Quand on veut traduire « son, sa, ses », il faut donc d'abord savoir si le possesseur est une femme, un homme ou un objet.

possesseur **masculin**
→ *his*

his shoe
sa chaussure

possesseur **féminin**
→ *her*

her shoe
sa chaussure

possesseur **neutre**
→ *its*

its shoes
ses chaussures

115 Les pronoms possessifs : *mine, yours...*

mine	le mien, la mienne, les miens, les miennes
yours	le tien, la tienne, les tiens, les tiennes ou le vôtre, la vôtre, les vôtres
his/hers/its	le sien, la sienne, les siens, les siennes
ours	le nôtre, la nôtre, les nôtres
theirs	le leur, la leur, les leurs

● Un pronom possessif remplace un déterminant possessif + nom.

– This is my bike. **Yours** is here. [*Yours = your bike*]
C'est mon vélo. Le tien est là.

● Il a une seule forme sauf à la 3e personne du singulier.

– Don't touch this computer. It's **mine**.
Ne touche pas à cet ordinateur. C'est le mien.

– Don't touch these DVDs. They are **mine**.
Ne touche pas à ces DVDs. Ce sont les miens.

● À la 3e personne du singulier, il faut savoir si l'on parle d'un possesseur **masculin** (*his*) ou **féminin** (*hers*).

– Don't touch these comic strips. They are **his**. [*his = Paul's*]
Ne touche pas à ces bandes dessinées. Ce sont **les siennes**.

– Don't touch these comic strips. They are **hers**. [*hers = Lola's*]
Ne touche pas à ces bandes dessinées. Ce sont **les siennes**.

● Les pronoms possessifs permettent aussi de répondre à une question en ***Whose***? (▶ 149).

– "Whose wallet is this?" "It's **yours**!"
« À qui est ce portefeuille ? – C'est le tien ! »

● « Un... à moi », « un... à elle » se dit « *a... of* + pronom possessif ».

a friend **of mine**
un ami à moi

a cousin **of hers**
un cousin à elle

A friend of John's ▶ **118**

Training

1 Traduis ces groupes de mots.

1. sa tête (celle de Jane)
2. sa tête (celle d'une fleur)
3. sa tête (celle de Peter)
4. son vélo (celui de mon frère)
5. son vélo (celui de ma sœur)

2 Les élections des délégués approchent. Complète ce discours avec un pronom personnel ou un déterminant possessif.

AZIZ – "Hello, everybody. **...** name is Aziz. **...** am 15. Some of you already know **...**. Do **...** have any questions?"

ALWENA – "Yes, Aziz, why do **...** want to be **...** representative (*délégué*)? What are **...** ideas?"

AZIZ – "I can't summarize **...** in one sentence. But **...** am here with Michelle. Listen to **...** ideas. And James is here too. We'll listen to **...** ideas later."

1 1. her head 2. its head 3. his head 4. his bike 5. her bike

2 AZIZ – "Hello, everybody. **My** name is Aziz. **I** am 15. Some of you already know **me**. Do **you** have any questions?"
ALWENA – "Yes, Aziz, why do **you** want to be **our** representative? What are **your** ideas?"
AZIZ – "I can't summarize **them** in one sentence. But **I** am here with Michelle. Listen to **her** ideas. And James is here too. We'll listen to **his** ideas later."

Génitif ('s) et « nom + *of* + nom »

Il existe deux façons principales de relier deux noms : le génitif (*'s*) et ***of***. Il faut savoir dans quels cas on emploie le génitif et dans quels cas on utilise *of*.

116 Comment former le génitif ?

● Le génitif sert à exprimer la **possession** ou un **lien de parenté.** On mentionne d'abord le **possesseur** puis la chose possédée. L'ordre des mots est donc l'inverse du français.

John's computer
l'ordinateur de John

John's parents
les parents de John

● Si le nom du possesseur est au singulier, on ajoute ***'s***.
Si le nom du possesseur est au pluriel, on ajoute ***'***.

nom singulier + 's	nom pluriel + '
my mother's car la voiture de ma mère	my parents' car la voiture de mes parents
John's watch la montre de John	my friends' books les livres de mes amis

Le ***'s*** du génitif se prononce comme le ***-s*** du pluriel (▸ 77).

● Si le nom du possesseur est un nom propre qui se termine par ***-s***, on ajoute ***'s***.

James's money
l'argent de James

● Si le nom du possesseur est un pluriel irrégulier, on ajoute ***'s***.

the children's bedroom
la chambre des enfants

these women's offices
les bureaux de ces femmes

● Le génitif joue le même rôle que les déterminants possessifs. Il occupe donc la même place.

John's watch	**my mother's** car	**my parents'** car
his watch	**her** car	**their** car

● Quand on parle de possession, c'est parfois au sens très large du terme.

Joe's parents
les parents de Joe
[On a bien des parents, mais on ne les possède pas !]

Joe's ears
les oreilles de Joe
[On a bien des oreilles, mais on ne les possède pas vraiment !]

117 Faut-il un déterminant avant le génitif ?

● Pas de déterminant en français avant le possesseur → pas de déterminant en anglais

_ John's watch
la montre de _ John

● Déterminant en français avant le possesseur → déterminant en anglais

the neighbour's car
la voiture de la voisine

my parents' car
la voiture de mes parents

CAREFUL!

Si « des » exprime une généralité, on emploie l'article zéro.

_ homeless people's problems
les problèmes des sans-abri

118 Quand le nom est sous-entendu après le génitif

- Le nom peut être sous-entendu après le génitif quand on répond à une question (*whose* ▸ 149).

– "Is this Anwar's car?" "No, it's Laurie's."
« Est-ce que c'est la voiture d'Anwar ? – Non, c'est celle de Laurie. »

– "Whose pen is this?" "It's Diana's."
« À qui est ce stylo ? – Il est à Diana. »

- Le nom d'églises, de cathédrales et d'hôpitaux est souvent sous-entendu après un génitif.

Saint Paul's (Cathedral)
la cathédrale Saint-Paul

Saint Mary's (Hospital)
l'hôpital Sainte-Marie

- On peut employer le génitif pour traduire « chez ». Le nom (*house* ou *apartment*) est sous-entendu.

– "Are you at **David's**?" "No, I'm at **Deng's**."
« Tu es chez David ? – Non, je suis chez Deng. »

C'est aussi le cas avec les noms de métiers (▸ 246 et 254).

go to the **baker's**
aller chez le boulanger

go to the **doctor's**
aller chez le médecin

Mais on dit aussi *go to the baker*, *go to the doctor*.

- Le nom est sous-entendu après le « double génitif ».

Le double génitif sert à traduire « un... de + nom de personne ».

a friend **of John's**
un ami de John

a cousin **of the King's**
un cousin du Roi

Mais on peut aussi dire *a friend of John*, *a cousin of the King*.

119 La construction « nom + *of* + nom »

La construction « nom + *of* + nom » existe comme en français « nom + de + nom ». L'ordre des mots est le même.

a cup **of** coffee
une tasse de café

a bowl **of** cereal
un bol de céréales

Il y a donc deux façons de traduire « nom + **de** + nom » : « nom + *of* + nom » ou génitif.

120 « Nom + *of* + nom » ou génitif ?

Quand on parle d'une possession, d'un lien de parenté ou d'une caractéristique physique, le génitif est **obligatoire**.

- That's **my father's** car. (That's ~~the car of my father~~.)
  C'est la voiture de mon père.
- I know **John's** wife. (I know ~~the wife of John~~.)
  Je connais la femme de John.
- **Linda's** hair is black. (~~The hair of Linda~~ is black.)
  Les cheveux de Linda sont noirs.

Le génitif n'est **possible** que si le nom au génitif est :

• une personne ou un animal

my friends' books
les livres de mes amis

my cat's ears
les oreilles de mon chat

• une collectivité d'individus ou un pays

the team's efforts
les efforts de l'équipe

England's climate
le climat de l'Angleterre

• une date (*today*, *tomorrow*) ou une unité de temps

yesterday's paper
le journal d'hier

a month's holiday
des vacances d'un mois

Dans les autres cas, on emploie « nom + *of* + nom ».

a bottle **of** water
une bouteille d'eau

the name **of** this town
le nom de cette ville

the door **of** the car
la portière de la voiture

the top **of** the page
le haut de la page

Training

1 Relie les mots suivants à l'aide d'un génitif ou de *of*. Dans quel cas faut-il utiliser *of* ?

John ... jacket → John's jacket

a cup ... tea → a cup of tea

1. Kim ... husband
2. David ... school
3. a bag ... sweets
4. the teachers ... decision
5. a bottle ... lemonade
6. my grandparents ... summer house
7. the king ... cousins

Il faut utiliser *of* quand ...

2 Traduis. Attention à l'ordre des mots avec le génitif.

1. Connaissez-vous la sœur de Mrs Rhys ?
2. Les jouets des enfants sont cassés.
3. Nous sommes chez Sophie. C'est une amie de Rachel.
4. « À qui est cette chose ? – Elle est à Claire. »
5. Personnellement, je préfère le bulletin scolaire (*school report*) de l'année dernière.

1 1. Kim's husband 2. David's school 3. a bag of sweets
4. the teachers' decision 5. a bottle of lemonade
6. my grandparents' summer house 7. the king's cousins
On emploie la préposition *of* quand le premier nom désigne un objet.

2 1. Do you know Mrs Rhys's sister?
2. The children's toys are broken.
3. We are at Sophie's. She's a friend of Rachel's (**ou** a friend of Rachel).
4. "Whose thing is this?" "It's Claire's."
5. Personally, I prefer last year's school report.

Pronoms réfléchis et réciproques

They are looking at themselves.
Ils se regardent.

They are looking at each other.
Ils se regardent.

Le pronom **réfléchi** renvoie au sujet du verbe; le pronom « réfléchit » le sujet, comme un miroir. Le pronom **réciproque** exprime l'idée de « l'un l'autre » ou « les uns les autres ».

121 Les pronoms réfléchis : *myself*...

pronoms personnels sujets	pronoms réfléchis
I	**myself**
you	**yourself** [une personne]
he	**himself**
she	**herself**
it	**itself**
we	**ourselves**
you	**yourselves** [plusieurs personnes]
they	**themselves**

La syllabe *-self/-selves* est toujours accentuée dans ces mots.

- Les pronoms réfléchis renvoient au sujet du verbe.

— Sam is looking at himself.

Sam se regarde.

- Voici quelques verbes qui s'emploient avec un pronom réfléchi.

– You've hurt yourself!
Tu t'es blessé !

– That was great! We really enjoyed ourselves.
C'était génial ! On s'est vraiment bien amusés.

– Help yourself, Ken. Julie and Anwar, help yourselves too.
Sers-toi, Ken. Julie et Anwar, servez-vous aussi.

CAREFUL!

Certains verbes sont réfléchis en français (se + verbe) mais pas en anglais : *get dressed* (s'habiller), *relax* (se détendre)...

– I can't relax when I wake up early.
Je n'arrive pas à me détendre quand je me lève tôt.

- Les pronoms réfléchis peuvent avoir valeur d'**insistance**. Ils correspondent alors à « moi-même », « toi-même »...

– You can do it **yourself**.
Tu peux le faire toi-même.

– I sometimes talk to **myself**.
Parfois, je me parle à moi-même.

- L'expression *by myself*, *by yourself*... signifie « tout seul ».

– I went home **by myself**.
Je suis rentré tout seul.

122 Les pronoms réciproques : *each other* et *one another*

- *Each other* signifie « l'un l'autre » ou « les uns les autres ».

– Tom and Liz love **each other**.
Tom et Liz s'aiment. [Tom aime Liz et Liz aime Tom.]

– Leila and I talk to **each other** every day.
Leila et moi, nous nous parlons tous les jours. [Leila me parle et je parle à Leila.]

- On peut employer *one another* à la place de *each other*.

– Tom and Liz love one another.

– Leila and I talk to one another every day.

CAREFUL!

« Se + verbe » en français peut être réfléchi (mêmes personnes) ou réciproque (deux personnes différentes). En anglais, on fait la différence.

- They are looking at themselves.
  Ils se regardent. [Chacun se regarde dans un miroir.]
- They are looking at each other.
  Ils se regardent. [Ils se regardent l'un l'autre.]

Training

1 Complète ces phrases par un pronom réfléchi.

John is talking to **...** . → John is talking to himself.

1. Great party! I think they enjoyed **...** .
2. Christopher is looking at **...** .
3. Darling, did you hurt **...** ?
4. OK, children, help **...** to more cake.
5. I sent an email to **...** .

2 Complète ces phrases par un pronom réfléchi, un pronom réciproque ou... rien du tout.

1. Barbie and Ken are getting married. They love **...** .
2. Liz congratulated Jo. And Jo congratulated Liz.
So, they congratulated **...** .
3. We're on holiday. Relax **...** !
4. I didn't need any help. I did this exercise all by **...** .

1 1. I think they enjoyed themselves.
2. Christopher is looking at himself.
3. Darling, did you hurt yourself?
4. OK, children, help yourselves to more cake.
5. I sent an email to myself.

2 1. They love each other (**ou** one another).
2. So, they congratulated each other (**ou** one another).
3. Relax! 4. I did this exercise all by myself.

Les adjectifs

Les adjectifs sont **invariables**. L'adjectif épithète se place **avant** le nom. Les adjectifs peuvent être suivis d'une **préposition** en anglais et en français, mais la préposition peut être très différente dans les deux langues.

123 Forme des adjectifs

- La plupart des adjectifs sont des mots simples : *small* (petit), *blue* (bleu), *easy* (facile).

- Certains adjectifs sont composés.

un- + adjectif	unhappy (malheureux) unpleasant (désagréable)
nom + *-ful*	beautiful (beau) useful (utile)
nom + *-less*	careless (négligent) useless (inutile)
nom + *-y*	dirty (sale), noisy (bruyant)
verbe + *-ing*	interesting (intéressant) surprising (surprenant)
verbe + *-ed*	interested (intéressé) surprised (surpris)

- Certains adjectifs sont formés de deux mots.

nom + adjectif	navy-blue (bleu marine)
adjectif + V-*ing*	good-looking (beau)
nom + participe passé	home-made (fait maison)
adverbe + participe passé	well-known (connu)

CAREFUL!

Il ne faut pas confondre les adjectifs en « verbe + *-ing* » (à sens actif) et ceux en « verbe + *-ed* » (à sens passif).

depress**ing** ≠ depress**ed**
déprim**ant** ≠ déprim**é**

frighten**ing** ≠ frighten**ed**
effray**ant** ≠ effray**é**

● Les adjectifs sont **invariables**.

a **large** bed
un grand lit

two **large** beds
deux grand**s** lits

a **large** table
une grand**e** table

two **large** tables
deux grand**es** tables

● Quelques adjectifs s'emploient comme des noms pluriels. Ils sont alors précédés de l'article *the* (▸ 81).

the handicapped
les handicapés

the homeless
les sans-abri

the unemployed
les chômeurs

the young
les jeunes

CAREFUL!

Ces adjectifs ne prennent pas le **-s** du pluriel mais s'ils sont sujets, le verbe est au pluriel.

– **The poor** often **live** in cities.
Les pauvres vivent souvent dans des grandes villes.

124 Emploi des adjectifs épithètes

● L'adjectif est **épithète** quand il est placé directement à côté du nom. En anglais, il se place **avant** le nom. En français, il se place avant ou après le nom.

a **large** bed
un **grand** lit

a **difficult** exercise
un exercice **difficile**

CAREFUL !

Même avec *very* (très), *really* (vraiment) et les comparatifs, l'adjectif se place avant le nom.

a **really nice** guy
un gars vraiment sympa

a **better** man
un homme meilleur

● Quand il y a plusieurs adjectifs épithètes, l'ordre est **TACO** (Taille, Âge, Couleur, Origine).

	Taille	Âge	Couleur	Origine	nom	
a	small		black	British	car	une petite voiture noire britannique
a	tall	young		American	policeman	un grand et jeune policier américain

● Les adjectifs de jugement (*beautiful*, *incredible*...) se placent le plus à gauche possible du nom.

a **beautiful** small black British car
une belle petite voiture britannique noire

a **clever** young American policewoman
une jeune policière américaine intelligente

125 Emploi des adjectifs attributs

● Un adjectif attribut est relié au sujet par un verbe : *be* (être), *appear* (avoir l'air), *seem* (sembler)...

– These kids **are clever** and they **seem happy**.
Ces enfants sont doués et ils ont l'air heureux.

● Les verbes *feel*, *look*, *smell*, *sound* et *taste* peuvent être suivis d'un adjectif. Leur traduction dépend de l'adjectif.

look tired
avoir l'air fatigué

sound interesting
sembler intéressant

smell good
sentir bon

taste good
être bon [au goût]

● Le verbe *get* peut aussi être suivi d'un adjectif. Il se traduit souvent par un verbe réfléchi en français.

get angry
se fâcher

get lost
se perdre

get dressed
s'habiller

get married
se marier

126 Adjectifs suivis d'une préposition

● Un adjectif **attribut** peut être suivi d'une **préposition.** Souvent, les prépositions ne sont pas les mêmes en anglais et en français : *pleased* ***with*** mais « content **de** ».

– She was **pleased with** her school report.
Elle était contente de son bulletin scolaire.

– I'm very **good at** maths.
Je suis très bon en maths.

● Voici quelques adjectifs courants suivis d'une préposition :

angry (en colère), happy (heureux), mad (dingue)	**about** sth
bad (mauvais), good (bon), surprised (surpris)	**at** sth
famous (célèbre), responsible (responsable)	**for** sth
different (différent), separate (séparé)	**from** sth
interested (intéressé), disappointed (déçu)	**in** sth
be afraid (avoir peur), be fond (bien aimer), be sick (en avoir assez)	**of** sth
close (proche), kind (gentil), used (habitué)	**to** sth
disappointed (déçu), pleased (content), satisfied (satisfait)	**with** sth

127 Adjectifs de nationalité

Adjectifs en *-an*

pays/continent	adjectif	un/une...	les...
Africa	African	an African	the Africans
America	American	an American	the Americans
Australia	Australian	an Australian	the Australians
Canada	Canadian	a Canadian	the Canadians
Europe	European	a European	the Europeans
India	Indian	an Indian	the Indians

Adjectifs en *-sh* ou *-ch*

pays	adjectif	un/une...	les...
Britain	British	a British person	the British
England	English	an Englishman/woman	the English
France	French	a Frenchman/woman	the French
Ireland	Irish	an Irishman/woman	the Irish
Spain	Spanish	a Spanish person	the Spanish
Wales	Welsh	a Welshman/woman	the Welsh
Scotland	Scottish	a Scot	the Scots

Adjectifs en *-ese*

pays	adjectif	un/une...	les...
China	Chinese	a Chinese	the Chinese
Portugal	Portuguese	a Portuguese	the Portuguese

- Les noms de nationalité se terminant par *-ch*, *-sh* ou *-ese* ne prennent **pas le -*s* du pluriel.**

the French
les Français

the English
les Anglais

the Chinese
les Chinois

● Les adjectifs et les noms de nationalité s'écrivent systématiquement avec une **majuscule**. En français, les adjectifs prennent une minuscule.

a German town
une ville allemande

the Germans
les Allemands

● Les noms *woman* et *man* sont **collés** aux adjectifs qui se terminent par *-ch* ou *-sh*.

an Englishwoman
une Anglaise

an Englishman
un Anglais

Training

1 Complète ces phrases à l'aide d'une préposition (*of, in, about, for, from*).

1. Are you interested ... astronomy?
2. I'm not responsible ... my little brother.
3. I'm angry (*en colère*) ... their reaction.
4. She's very fond ... music.
5. Cooper is very different ... his sister.

2 Traduis.

1. Joy est anglaise. C'est donc une Anglaise, mais elle vit dans une ville canadienne.
2. Les sans-abri ont besoin de (*need*) notre aide.
3. Je suis déprimé parce que ton histoire est déprimante.
4. J'ai acheté un petit sac rouge écossais.

1 1. interested in 2. responsible for 3. angry about 4. fond of 5. different from

2 1. Joy is English. So she's an Englishwoman, but she lives in a Canadian town.
Attention : majuscule pour tous les adjectifs de nationalité !
2. The homeless need our help.
3. I'm depressed because your story is depressing.
4. I (have) bought a little red Scottish bag.

Comparatifs et superlatifs

« Je suis plus intelligent que toi. »

Il y a deux façons de comparer : avec les **comparatifs** (pour comparer deux éléments) ou avec les **superlatifs** (pour comparer plus de deux éléments).

128 Les trois comparatifs

On utilise le comparatif pour dire que quelque chose ou quelqu'un est **plus** (+), **aussi** (=) ou **moins** (–) grand, compétent, drôle, prudent que...

comparatif d'égalité	**as** careful **as**	aussi prudent que
comparatif de supériorité	**more** careful **than**	plus prudent que
comparatif d'infériorité	**less** careful **than**	moins prudent que

CAREFUL!

On emploie « que » en français dans les trois comparatifs.
En anglais, il faut choisir : soit ***as***, soit ***than***.

129 Comparaison : l'égalité

- Le comparatif d'égalité (aussi... que...) se forme avec « ***as* + adjectif + *as*** ».

- Joanna is **as** tall **as** her parents.
  Joanna est aussi grande que ses parents.
- I'm not **as** good **as** Gerry.
  Je ne suis pas aussi bon que Gerry.

● Après le second *as*, on emploie le pronom personnel complément (*me, him, them*...).

– Joanna is as tall as **them**.
Joanna est aussi grande qu'eux.

● Il faut retenir l'emploi de *as* dans *the same... as* : « le/la/les même(s)... que ».

– We buy **the same** brand **as** our neighbours.
Nous achetons la même marque que nos voisins.

130 Comparaison : la supériorité

● Le comparatif de supériorité (plus...que...) se forme de deux façons selon que l'adjectif est long ou court.

adjectif **court** (une seule syllabe) → adjectif + *-er*	tall → taller (plus grand) quick → quicker (plus rapide)
adjectif **long** (plus d'une syllabe) → *more* + adjectif	intelligent → more intelligent (plus intelligent) expensive → more expensive (plus cher)

● Les adjectifs de deux syllabes en *-y* sont considérés comme courts. Ils font leur comparatif en ***-ier*** : *easy* → *eas**ier*** (plus facile), *heavy* → *heavier* (plus lourd).

● Avec *-er*, quand un adjectif se termine par « une seule voyelle + une consonne », on double la consonne : *big* → *bigger* (plus grand), *hot* → *hotter* (plus chaud) mais *sweet* → *sweeter* (plus doux) car *sweet* a deux voyelles.

● Il faut retenir ces trois comparatifs irréguliers :

good/well (bon/bien) → better (meilleur/mieux)
bad (mal/mauvais) → worse (pire)
far (loin) → further/farther (plus loin)

Comparatif *elder* ▶ 180

- L'équivalent de « que » dans « plus... que » est ***than*** (surtout pas *that* !).

— This book is more interesting **than** the other one.
Ce livre est plus intéressant **que** l'autre.

- Après *than*, on emploie le pronom personnel complément (*me, him, her*...).

— Joanna is taller than **him**.
Joanna est plus grande que lui.

131 Le double comparatif : « de plus en plus »

- « De plus en plus + adjectif court » se traduit par ***-er and -er***.

— It's **faster and faster**.
C'est de plus en plus rapide.

- « De plus en plus + adjectif long » se traduit par ***more and more*** + adjectif.

— It's **more and more** difficult.
C'est de plus en plus difficile.

- Quand « de plus en plus » n'est pas suivi d'un adjectif, on le traduit toujours par ***more and more***.

— I love you **more and more**.
Je t'aime de plus en plus.

— We're getting **more and more** tourists.
Nous avons de plus en plus de touristes.

132 Les autres expressions avec « plus »

- « Plus de + nom » : « *more* + nom ».

— I have **more** money and **more** friends than you.
J'ai plus d'argent et plus d'amis que toi.

- « Beaucoup plus » : « *much more* ou *much* + adjectif + *-er* ».

much more careful
beaucoup plus prudent

much young**er**
beaucoup plus jeune

L'équivalent de « plus + proposition, plus + proposition » est ***the** more..., **the** more...* Cette construction exprime un accroissement parallèle. Le contraire est *the less..., the less...*

- **The more** I see them, **the more** I like them.
  Plus je les vois, plus je les apprécie.
- **The less** I see them, **the less** I like them.
  Moins je les vois, moins je les apprécie.

133 Comparaison : l'infériorité

Le comparatif d'infériorité (moins... que...) se forme avec « ***less*** + adjectif + ***than*** ».

- It's **less** painful **than** I thought.
  C'est moins pénible que je ne le pensais.

CAREFUL!

On emploie plus volontiers *not as... as* que *less... than* surtout avec un adjectif court.

- You're **not as fast as** me.
  Tu es moins rapide que moi.

« Moins de + nom » se traduit par « *less* + nom ». Si le nom est au pluriel, on peut aussi employer *fewer*.

- We have **less** money and **fewer** friends.
  On a moins d'argent et moins d'amis.

« De moins en moins » : *less and less*

- It's getting **less and less** interesting.
  Cela devient de moins en moins intéressant.
- I like them **less and less**.
  Je les aime de moins en moins.

« De moins en moins de + **nom pluriel** » peut aussi se traduire par *fewer and fewer* (surtout à l'écrit).

- They have **fewer and fewer friends**.
  Ils ont de moins en moins d'amis.

134 Le superlatif

- Le superlatif (le plus grand, le plus beau...) se forme de deux façons, comme le comparatif de supériorité, selon que l'adjectif est court ou long.

adjectif **court** (une seule syllabe) → *the* + adjectif + *-est*	tall → the tall**est** (le plus grand) quick → the quick**est** (le plus rapide)
adjectif **long** (plus d'une syllabe) → *the most* + adjectif	intelligent → the **most** intelligent (le plus intelligent) expensive → the **most** expensive (le plus cher)

- Les adjectifs de deux syllabes en *-y* sont considérés comme courts. Ils font leur superlatif en ***-iest*** : *easy* → *the eas**iest*** (le plus facile), *heavy* → *the heav**iest*** (le plus lourd).

- Quand un adjectif se termine par « une voyelle + une consonne », on double la consonne : *big* → *the bi**gg**est* mais *cheap* → *the cheapest*.

- Il faut retenir ces trois superlatifs irréguliers :

good/well (bon/bien) → the best (le meilleur/le mieux)
bad (mal/mauvais) → the worst (le pire/le plus mauvais)
far (loin) → the furthest/the farthest (le plus loin)

– This is **the worst** film I have ever seen. And **the most boring**.
C'est le plus mauvais film que j'aie jamais vu. Et le plus ennuyeux.

- Après un superlatif, on emploie ***in*** (pas *of*) pour parler d'un groupe ou d'un lieu.

– She's the best singer **in** the band. No, the best **in** the world!
C'est la meilleure chanteuse du groupe. Non, la meilleure du monde !

- « Le moins » se dit *the least*.

– It's **the least expensive** hotel in Edinburgh.
C'est l'hôtel le moins cher d'Édimbourg.

Training

1 À propos de Doggy et Kitty... Complète ces phrases par un comparatif de supériorité.

Harry is ... (tall) ... his dad. → Harry is taller than his dad.

JACK – "Doggy is ... (big) ... Kitty."
JILL – "Yes, but Kitty is ... (intelligent) ... Doggy."
JACK – "Is Kitty ... (old) ... Doggy ?"
JILL – "No, Kitty is not ... (old) ... Doggy."
JACK – "So, she's ... (young)!"
JILL – "Yes, and she's also ... (aggressive) ... him."

2 Complète ce texte avec des superlatifs de supériorité.

SIMON – " It's ... (good) restaurant in town. The more I come here, the more I like it."
JANE – "Is it as good as the Indian in Oxford?"
SIMON – "I think it's even better!"
JANE – "And what's ... (bad) restaurant in town?"
SIMON – "It's called Greasy Spoon. It's also ... (cheap)! But it's in ... (large) and ... (beautiful) square in town."

1 1. JACK – "Doggy is bigger than Kitty."
JILL – "Yes, but Kitty is more intelligent than Doggy."
JACK – "Is Kitty older than Doggy?"
JILL – "No, Kitty is not older than Doggy."
JACK – "So, she's younger!"
JILL – "Yes, and she's also more aggressive than him."

2 SIMON – "It's the best restaurant in town. The more I come here, the more I like it."
JANE – "Is it as good as the Indian in Oxford?"
SIMON – "I think it's even better!"
JANE – "And what's the worst restaurant in town?"
SIMON – "It's called Greasy Spoon. It's also the cheapest! But it's in the largest and (the) most beautiful square in town."

Un verbe suit un autre verbe

Quand un verbe suit un autre verbe, trois constructions sont possibles en anglais alors qu'en français, on a la même construction à chaque fois (verbe + infinitif) :

verbe + base verbale	They let me **sleep** until noon. Ils me laissent dormir jusqu'à midi.
verbe + V-*ing*	I love **dancing**. J'adore danser.
verbe + *to* + verbe	She wants **to be** a doctor. Elle veut être médecin.

135 Verbe + base verbale

- Les principaux verbes suivis d'une base verbale sont ***let*** (laisser) et ***make*** (faire).

– My parents **let** me sleep until 10 on Sundays.
Mes parents me laissent dormir jusqu'à dix heures le dimanche.

– They **made** me pay the bill!
Ils m'ont fait payer l'addition !

CAREFUL!

Il faut employer *make* pour traduire « faire + verbe », surtout pas *do* !

– I'll **make** them cry if I tell them that!
Je les ferai pleurer si je leur dis ça !

- Le verbe ***help*** (aider) est suivi de la base verbale. Mais il peut aussi se construire avec « *to* + verbe ».

– **Help** me do this exercise. (Help me to do this exercise.)
Aide-moi à faire cet exercice.

● Les verbes ***hear*** (entendre), ***see*** (voir) et ***watch*** (observer) sont suivis de la base verbale. Mais ils peuvent aussi se construire avec V-*ing*

- I **heard** him complain. (I heard him complaining.)
  Je l'ai entendu se plaindre.
- I **saw** you go into the bank. (I saw you going into the bank.)
  Je t'ai vu entrer dans la banque.

136 Verbe + V-*ing*

● Les principaux verbes suivis de V-*ing* sont ***enjoy*** (apprécier), ***finish*** (terminer), ***stop*** (arrêter), ***suggest*** (suggérer), ***go on*** (continuer).

- Have you **finished** read**ing** your emails?
  Tu as terminé de lire tes mails ?
- **Stop** fight**ing**!
  Arrêtez de vous battre !
- They **went on** talk**ing** for hours.
  Ils ont continué de parler pendant des heures.

● Voici quelques autres verbes ou expressions suivis de V-*ing* : ***can't help*** (ne pas s'empêcher de), ***keep*** (continuer à), ***miss*** (manquer), ***it's no use*** (il est inutile de), ***be worth*** (valoir la peine).

- I'm sorry but I **can't help** laugh**ing**.
  Je suis désolé, mais je ne peux pas m'empêcher de rire.
- **It's no use** do**ing** it now.
  C'est (Il est) inutile de le faire maintenant.
- This paper is not **worth** read**ing**.
  Ce journal ne vaut pas la peine d'être lu.

CAREFUL!

Miss se traduit souvent par « manquer ». Mais le complément de *miss* correspond au sujet de « manquer ».

- We **miss** going to the theatre.
  Aller au théâtre nous **manque**.

137 Verbe + *to* + verbe

● Les principaux verbes suivis de « *to* + verbe » sont ***agree*** (être d'accord), ***advise*** (conseiller), ***ask*** (demander), ***expect*** (s'attendre à), ***forget*** (oublier), ***hope*** (espérer), ***learn*** (apprendre), ***need*** (avoir besoin de), ***offer*** (proposer), ***refuse*** (refuser), ***tell*** (dire), ***wait*** (attendre), ***want*** (vouloir).

- They **agreed to** help me.
  Ils ont accepté de m'aider.
- They **want to** go on holiday.
  Ils veulent partir en vacances.

● Certains de ces verbes peuvent être suivis d'un complément.

- The driver asked Jim to shut up.
  Le conducteur a demandé à Jim de se taire.
- Hussein didn't expect me to be here.
  Hussein ne s'attendait pas à ce que je sois là.

CAREFUL!

On ne dit jamais ~~*want that*~~..., ni ~~*would like that*~~... Il faut utiliser une proposition infinitive après *want* et *would like*.

- I **want** Jo **to** leave.
  Je veux que Jo parte.
- I **would like** you **to** listen to Melvin.
  J'aimerais bien que tu écoutes Melvin.

● Certaines expressions sont suivies de « *to* + verbe ». Ici *to* n'est pas une préposition (▸ 140), le verbe est donc à l'infinitif : ***be anxious/eager to*** (être impatient de), ***be prepared/ready to*** (être prêt à), ***be likely to*** (il est probable que), ***be sorry to*** (être désolé de)...

- We'**re anxious to** see the results.
  Nous sommes impatients de voir les résultats.
- I'**m sorry to** have to say no.
  Je suis désolé de devoir dire non.

138 Verbes suivis de V-*ing* ou de *to* + verbe

● Les principaux verbes concernés sont ***begin, start*** (commencer), ***continue*** (continuer), ***hate*** (détester), ***like*** (bien aimer), ***love*** (aimer), ***need*** (avoir besoin), ***prefer*** (préférer), ***regret*** (regretter), ***remember*** (se souvenir), ***try*** (essayer).

- I **love** danc**ing**. (I **love to** dance.)
  J'aime danser.
- I **tried to** write poetry. (I **tried** writ**ing** poetry.)
  J'ai essayé d'écrire de la poésie.

CAREFUL!

Would *like*, ***would*** *love*, ***would*** *hate* et ***would*** *prefer* sont **obligatoirement** suivis de « *to* + verbe ».

- I would like to dance. (I would like ~~dancing~~.)
  J'aimerais danser.

● Avec ***regret*** et ***remember***, le sens varie selon qu'on a « verbe + V-*ing* » ou « verbe + *to* »...

- Remember to send a text!
  N'oublie pas d'envoyer un texto !
- I remember sending a text.
  Je me souviens d'avoir envoyé un texto.
- I regret to inform you that you failed.
  Je suis au regret de vous informer que vous avez échoué.
- I regret telling them.
  Je regrette de leur avoir dit.

● Il ne faut pas confondre *need* + V-*ing* (avoir besoin d'être + participe passé) et *need to* + V (avoir besoin de + infinitif).

- Your bedroom **needs** clean**ing**.
  Ta chambre a besoin d'être nettoyée.
- We don't **need to** do it.
  On n'a pas besoin de le faire.

139 Nom verbal

Le nom verbal (ou gérondif) est un verbe utilisé comme nom. Il se forme en ajoutant *-ing* au verbe. En français, on utilise l'infinitif dans ce cas.

- **Dancing** is fun.
  Danser, c'est amusant.
- **Smoking** can damage your health.
  Fumer peut nuire à votre santé.
- **Going on holiday** would be a good idea.
  Aller en vacances serait une bonne idée.

140 Préposition + V-*ing*

Si on veut utiliser un **verbe après** une préposition, on doit utiliser la forme en **V-*ing***.

- I did it without think**ing**.
  Je l'ai fait sans réfléchir.
- I'm fed up with help**ing** them.
  J'en ai assez de les aider.
- You should be revising instead of watch**ing** TV.
  Tu devrais réviser au lieu de regarder la télévision.
- What about go**ing** to the restaurant?
  Et si on allait au restaurant ?

CAREFUL!

Dans *look forward to* (avoir hâte de), *be used to* (avoir l'habitude de) et *get used to* (s'habituer à), *to* est une préposition. Le verbe qui suit *to* se termine donc par V-*ing*.

- I look forward to **meeting** you. (I look forward ~~to meet~~ you.)
  J'ai hâte de vous rencontrer.
- We are not used to **slogging** like this.
  On n'a pas l'habitude de bosser comme ça.

Training

1 Choisis la forme correcte.

1. Stop shouting/to shout!
2. This clown makes me laugh/to laugh.
3. I want buying/to buy a new dress.
4. Brian refused to help/helping Kevin.
5. Have you started clean/cleaning your room?

2 Choisis la forme qui convient : base verbale, *to* + verbe ou V-*ing*. Il y a parfois deux solutions.

I like... (talk to you). → I like talking **ou** I like to talk to you.

1. I love ... (dance). I'd love ... (dance) now!
2. If you help me ... (write) this essay, you'll never hear me ... (complain) again!
3. ... (Run) on a wet road can be dangerous.
4. Do you look forward to ... (go) on holiday?
5. It's no use ... (cry) over spilt milk (*littéralement « du lait renversé »*).

«J'aime danser.» «Je veux être médecin.»

1 1. Stop shouting! 2. This clown makes me laugh. 3. I want to buy a new dress. 4. Brian refused to help Kevin. 5. Have you started cleaning your room?

2 1. I love to dance **ou** I love dancing. I'd love to dance now! 2. If you help me write **ou** to write this essay, you'll never hear me complain **ou** complaining again! 3. Running on a wet road can be dangerous. 4. Do you look forward to going on holiday? 5. It's no use crying over spilt milk.

Les propositions relatives

Une proposition relative est introduite par un **pronom relatif**. Elle complète un nom ou un groupe nominal, appelé **antécédent**. Les principaux pronoms relatifs sont ***that***, ***which*** et ***who***.

141 Comment choisir le pronom relatif ?

Le choix du pronom relatif dépend de la nature de l'antécédent.

- Antécédent humain : *who* (ou *that* à l'oral)

– The person **who** is talking is my best friend.
The person **that** is talking is my best friend.
La personne qui est en train de parler est ma meilleure amie.

- Antécédent non humain : *that* (ou *which* moins fréquent)

– The car **that** is parked outside is Jo's.
The car **which** is parked outside is Jo's.
La voiture qui est garée dehors est celle de Jo.

En anglais, contrairement au français, le pronom relatif peut être omis mais seulement quand il est **complément d'objet**.

– The guy Ø she married is Rick.
Le gars qu'elle a épousé est Rick.

Parfois, les propositions relatives apportent une information qui peut être supprimée; elle est comme entre parenthèses. On les appelle « propositions relatives **appositives** ». On les trouve notamment après les noms propres. Dans ce cas, seuls ***who*** (antécédent humain) ou ***which*** (antécédent non humain) sont possibles.

– The Tower of London, **which** I have visited many times, is my favourite place in London.
La Tour de Londres, que j'ai visitée de nombreuses fois, est mon endroit préféré de Londres.

142 Où placer la préposition ?

Les **prépositions** se placent **à la fin** de la proposition relative en anglais. Elles restent donc à côté du verbe. En français, les prépositions se placent au début de la proposition relative.

The guy I **was talking to** is Jo.
Le gars **à qui je parlais** est Jo.

Avec une préposition, on omet très souvent le pronom relatif.

- The guy Ø I was talking to is Jo.

143 *Whose* : « dont »

Whose exprime l'appartenance ou un lien de parenté.

- What's the company **whose** logo is a palm tree?
  Quelle est la compagnie **dont** le logo est un palmier ?
- This is the boy **whose** sister is a test pilot.
  Voici le garçon **dont** la sœur est pilote d'essai.

CAREFUL!

Attention à ne pas employer de déterminant après *whose*. Il ne faut donc pas calquer sur le français.

Parfois, en français, le deuxième nom n'est pas juste à côté de « dont ». En anglais, on garde l'ordre « nom + *whose* + nom ».

- This is the boy whose parents I showed you.
  Voici le garçon dont je t'ai montré les parents.

« Dont » se traduit par *whose* uniquement quand on a « nom + dont + nom » (la compagnie dont le logo..., le garçon dont la sœur...). Quand « dont » est complément de verbe (dont je parle) ou d'adjectif (dont je suis fier), il ne se traduit pas par *whose*.

- The company I'm talking **about** is Australian.
  La compagnie dont je parle est australienne.
- The only person I'm proud **of** is you, Rex.
  La seule personne dont je sois fier, c'est toi, Rex.

144 *Which* et *what* : « ce qui », « ce que »

Which et *what* peuvent tous deux traduire « ce qui/ce que ». ***Which*** reprend toute une proposition. ***What*** n'a pas d'antécédent dans la phrase ; il peut se remplacer par *the thing that* (la chose que).

- They all passed, **which** didn't surprise me.
  Ils ont tous réussi, ce qui ne m'a pas surpris.
- I liked **what** you said about the novel.
  J'ai aimé ce que tu as dit du roman.

Training

1 Choisis le bon pronom relatif (au moins deux possibilités).

1. I know a guy **...** can run a marathon.
2. They have a car **...** can do 140 miles an hour.
3. The bike **...** I bought is second-hand (*d'occasion*).
4. The girl **...** he likes is my cousin.

2 Traduis.

1. L'immeuble dans lequel j'habite (*live in*) est rouge.
2. L'homme dont la femme est maire (*a mayor*) s'appelle Lemaire.
3. L'école dont je parle a été construite au siècle dernier.
4. Ce que je veux, c'est une chambre avec vue (*a room with a view*).
5. Ils sont en colère, ce que je comprends.

1 Pronoms relatifs donnés dans l'ordre de préférence :
1. who **ou** that 2. that **ou** which
3. Ø **ou** that **ou** which 4. Ø **ou** who **ou** that

2 1. The building (that) I live in is red.
2. The man whose wife is a mayor is called Lemaire.
3. The school (that) I'm talking about was built last century.
4. What I want is a room with a view.
5. They're angry, which I understand.

Les types de phrases

« Mes cousins vivent à Miami. »

Il existe trois types de phrases : la phrase affirmative, la phrase négative et la phrase interrogative.

145 La phrase affirmative

● La phrase affirmative suit l'ordre « sujet + verbe ».

— My parents are on holiday.
Mes parents sont en vacances.

— My cousins live in Miami.
Mes cousins vivent à Miami.

— Your brother can go with us.
Ton frère peut partir avec nous.

● Comme en français, on peut mettre des mots en relief. L'équivalent de « C'est… que » est *It's… that…*

— We live here. → **It's** here **that** we live.
Nous habitons ici. → C'est ici que nous habitons.

● Pour mettre un mot en relief, on peut aussi l'accentuer à l'oral. À l'écrit, on le souligne.

— John did it.
C'est John qui l'a fait.

146 La phrase négative

- Il faut **toujours utiliser un auxiliaire** dans les phrases négatives.

affirmation	négation
auxiliaire *be*	auxiliaire *be* + *not*
My parents are on holiday.	My parents **are not** (aren't) on holiday.
auxiliaire *have*	auxiliaire *have* + *not*
I have got two bikes.	I **have not** (haven't) **got** two bikes.
auxiliaire modal	auxiliaire modal + *not*
I can read.	I **cannot** (can't) read.
pas d'auxiliaire	auxiliaire *do* + *not*
I love you. She hates me.	I **do not** (don't) love you. She **does not** (doesn't) hate me.

- Il ne peut y avoir qu'une négation dans une phrase. Si on a *never*, *nothing* ou *nobody*, le verbe est à la forme affirmative.

- They are **never** at home.
  Ils ne sont jamais à la maison.
- I said **nothing**.
  Je n'ai rien dit.
- **Nobody** is here.
  Personne n'est là.

«Mes parents sont en vacances...» «Mes parents ne sont pas en vacances...»

147 La phrase interrogative : les *yes/no questions*

Les questions auxquelles on peut répondre par ***Yes*** ou ***No*** commencent toujours par un auxiliaire. Attention à l'ordre des mots :

affirmation	interrogation
auxiliaire *be*	auxiliaire ***be*** + <u>sujet</u>
She **is** tired. They **are** eating.	**Is** <u>she</u> tired? **Are** <u>they</u> eating?
auxiliaire *have*	auxiliaire ***have*** + <u>sujet</u>
You **have** got a new mobile.	**Have** <u>you</u> got a new mobile?
auxiliaire modal	auxiliaire **modal** + <u>sujet</u>
We **can** swim here. They **will** call the police.	**Can** <u>we</u> swim here? **Will** <u>they</u> call the police?
pas d'auxiliaire	auxiliaire ***do*** + <u>sujet</u>
You love them. She lives in Tokyo.	**Do** <u>you</u> love them? **Does** <u>she</u> live in Tokyo?

Prononciation des *yes / no questions*

L'intonation des *yes/no questions* est **montante**.

– Are you alone?
Tu es seul(e) ?

148 Les questions commençant par un interrogatif

● Les principaux mots interrogatifs sont :

what? (que ? qu'est-ce que ?)	how? (comment ?)
when? (quand ?)	what time? (à quelle heure ?)
where? (où ?)	who? (qui ?)
which? (quel ? lequel ?)	why? (pourquoi ?)

● Les questions qui commencent par un mot interrogatif suivent l'ordre :

mot interrogatif	auxiliaire	sujet	verbe	
Where	are	you	going?	Où vas-tu ?
Who	will	they	see?	Qui verront-ils ?
When	is	he	leaving?	Quand part-il ?
What	do	you	want?	Que veux-tu ?
How	did	you	find it?	Comment l'as-tu trouvé ?

Prononciation des questions commençant par un interrogatif

Cela peut paraître surprenant, mais l'intonation de ces questions est **descendante**.

– When did you arrive?
Quand es-tu arrivé ?

● La préposition se place à la fin de la question.

– Who are they talking to?
À qui parlent-ils ?

– Where is she from?
D'où vient-elle ?

CAREFUL!

Si le mot interrogatif est sujet, on n'utilise pas *do (does)/did*.

interrogatif sujet	verbe	
Who	wants some?	Qui en veut ?
Who	saw it?	Qui l'a vu ?
What	happened?	Qu'est-ce qui s'est passé ?

149 L'interrogatif est *what, which* ou *whose*

Pour proposer un choix, on emploie ***what*** (qu'est-ce que ?) ou ***which*** (lequel ?). Attention : on n'emploie *which* que pour proposer un choix dans un ensemble restreint.

- **What** do you want?
  Qu'est-ce que tu veux ?
- **Which** (one) do you want?
  Lequel/Laquelle veux-tu ?
- **Which** colour do you prefer: blue or red?
  Quelle couleur préfères-tu : le bleu ou le rouge ?

Pour interroger sur la **possession**, on emploie ***whose*** (à qui ?). La réponse contient souvent un génitif.

- "**Whose** car is it?" "It's Paul's."
  « À qui est cette voiture ? – Elle est à Paul. »

CAREFUL!

On n'emploie pas de déterminant après *whose*.

150 L'interrogatif est *how*

« Combien de... ? » se traduit de deux façons :
« *how much* + nom **singulier** » ou « *how many* + nom **pluriel** ».

- **How much money** do you need?
  Tu as besoin de combien d'argent ?
- **How many friends** have you got?
  Tu as combien d'amis ?

CAREFUL!

On emploie *How much is it?* pour demander un prix.

How peut être suivi d'un adjectif, pour interroger sur différentes mesures :

âge	How old are you? Quel âge as-tu ?
taille	How tall is Betsy? [personne] Combien mesure Betsy ? How high is the Empire State Building? [objet] Quelle est la hauteur de l'Empire State Building ?
profondeur	How deep is this pool? Combien cette piscine fait-elle de profondeur ?
longueur	How long is your car? Quelle est la longueur de votre voiture ?
distance	How far is it from here? C'est à quelle distance d'ici ?

Pour interroger sur la **fréquence**, on emploie ***how often*** (tous les combien ?).

– **How often** do you come here?
Vous venez ici tous les combien ?

Pour interroger sur la **durée** (▸ 29), on commence la phrase par ***how long...***

• ***How long... for*** (Pour combien de temps ?)

– "**How long** are you here **for**?" "I'm here for two weeks."
« Tu es ici pour combien de temps ? – Je suis ici pour deux semaines. »

• ***How long + present perfect*** (Depuis combien de temps ?)

– "**How long** have you been here?" "I've been here for two months."
« Depuis combien de temps es-tu ici ? – Je suis ici depuis deux mois. »

• ***How long ago*** (Il y a combien de temps ?)

– "**How long ago** did it happen?" "It happened ten years ago."
« C'est arrivé il y a combien de temps ? – C'est arrivé il y a dix ans. »

Training

1 Transforme ces phrases affirmatives en phrases négatives puis interrogatives.

1. Sandy needs a passport.
2. It rains a lot here.
3. He'll call Ben's parents.
4. The school has a swimming pool.

2 Choisis le bon pronom interrogatif en fonction de l'indication donnée entre parenthèses.

... is your granddad? (âge) → How old is your granddad?

1. ... is your mum? (taille)
2. ... is this cake? (prix)
3. ... do you want to go? (lieu)
4. ... schoolbag is this? (possession)
5. ... DVD do you want to see: *Shrek* or *The Simpsons*? (choix)
6. ... are they going to stay with you? (durée)

1
1. Sandy doesn't need a passport. Does Sandy need a passport?
2. It doesn't rain a lot here. Does it rain a lot here?
3. He won't call Ben's parents. Will he call Ben's parents?
4. The school doesn't have a swimming pool. Does the school have a swimming pool?

2
1. **How tall** is your mum?
2. **How much** is this cake?
3. **Where** do you want to go?
4. **Whose** schoolbag is this?
5. **Which** DVD do you want to see: *Shrek* or *The Simpsons*?
6. **How long** are they going to stay with you?

Coordination et subordination

Une proposition **coordonnée** est introduite par une conjonction de coordination (*and*, *or*, *but*...).
Une proposition **subordonnée** dépend d'une autre proposition, appelée principale. La subordonnée est reliée à la principale par une conjonction de subordination (par exemple *that*, « que »).

151 La coordination

- Les conjonctions de coordination sont ***and*** (et), ***or*** (ou), ***but*** (mais) et ***so*** (donc). Elles s'emploient comme leurs équivalents français.

– Jack **and** Laurie wanted to see a film, **but** they arrived too late.
Jack et Laurie ont voulu voir un film, mais ils sont arrivés trop tard.

– I like music, **so** I often go to concerts.
J'aime la musique, donc je vais souvent à des concerts.

- Quand *and* relie deux propositions, on peut omettre le sujet de la deuxième proposition s'il est identique au premier. En français, on préfère répéter le sujet.

– I stayed at home and watched TV. (I stayed at home and I watched TV.)
Je suis resté à la maison et j'ai regardé la télé.

152 La subordination

- Les principales conjonctions de subordination de **temps** sont : ***after*** (après que), ***before*** (avant que), ***till*** ou ***until*** (jusqu'à ce que), ***when*** (quand)...

– Let's go **before** it gets dark.
Partons avant qu'il ne fasse sombre.

– I'll wait **until** they come back.
J'attendrai jusqu'à ce qu'ils reviennent.

● Beaucoup de subordonnées sont introduites par la conjonction ***that***, qui s'emploie presque toujours comme « que ». Mais on l'omet très souvent après des verbes courts comme *know* (savoir), *say* (dire), *think* (penser).

- I know you're right. (I know that you're right.)
  Je sais que tu as raison.

CAREFUL!

Il ne faut pas confondre *that* conjonction (qui complète un verbe) et *that* pronom relatif (qui complète un nom).

- I know **that** you're right. [conjonction]
  Je sais que tu as raison.
- I know the school **that**'s in your village. [pronom relatif]
  Je connais l'école qui est dans ton village

● Voici quelques autres conjonctions de subordination.

but	so that (afin que)
cause	because /bɪ'kəz/ (parce que), since (puisque)
comparaison	as (comme), as if (comme si)
concession	although /ɔːl'ðəʊ/, even though (bien que), whereas /weər'æz/ (alors que)
condition	if (si)

- You should wear yellow **so that** people can see you better.
  Tu devrais porter du jaune afin que les gens te voient mieux.
- I'm hungry **because** I didn't have lunch.
  J'ai faim parce que je n'ai pas déjeuné.
- I'll help you **if** you give me your phone number.
  Je t'aiderai si tu me donnes ton numéro de téléphone.
- He did it, **although** (**even though**) he's shy.
  Il l'a fait bien qu'il soit timide.

● « Comme je l'ai dit » se dit *as I said*. Mais on entend de plus en plus *like I said*.

● La conjonction *as* a trois sens : « comme », « pendant que » et « puisque ».

- **As** you know, we're very pleased with your results.
  Comme vous le savez, nous sommes très contents de vos résultats.
- It happened **as** I was doing my shopping.
  Ça s'est produit **pendant que** je faisais mes courses.
- **As** she was out, I called her on her mobile.
  Puisqu'elle était sortie, je l'ai appelée sur son portable.

● La conjonction ***since*** a deux sens : « depuis que » (▸ 28) et « puisque ».

- Nobody's been well **since** you went away.
  Personne n'a été en bonne santé **depuis que** tu es parti.
- Let's have dinner, **since** we have plenty of time.
  Allons dîner **puisque** nous avons plein de temps.

153 L'emploi des temps après *when* et *if*

● **On n'emploie pas *will* ou *would* après *when*.**

français	anglais
quand... + futur	*when* + présent
Appelle-nous quand tu y seras.	Call us when you**'re** there.
quand... + futur antérieur	*when... + present perfect*
Envoie-moi un SMS quand tu seras arrivé.	Send me a text when you**'ve arrived**.
quand... + conditionnel	*when...* + prétérit
Tu as promis que tu téléphonerais quand tu arriverais.	You promised you'd call when you **arrived**.

● On n'emploie pas non plus *will* ou *would* après *as soon as* (dès que), *once* (une fois que), *until* (jusqu'à ce que) et *while* (pendant que).

● Après *if* (si), le fonctionnement des verbes est comparable en anglais et en français.

- *If* + présent : c'est encore réalisable

— We won't go **if** it rains.
Nous n'irons pas s'il pleut.

- *If* + prétérit : c'est peu probable

— Jo would do it **if** you asked him.
Jo le ferait si tu lui demandais.

- *If* + *pluperfect* : ça ne s'est pas réalisé dans le passé

— **If** you had come, we would have helped you.
Si tu étais venu, on t'aurait aidé.

Training

1 Souligne les conjonctions de subordination. Laquelle peut être supprimée ?

1. "Why weren't you at school?" "Because I was sick."
2. I'll go with you if you want me to.
3. Justin thinks that it's a good idea.
4. We know that you're the best.
5. We'll get there before it gets dark.

2 Mets le verbe entre parenthèses à la forme qui convient.

1. We'll call you when we ... (arrive).
2. I would help you if I ... (be) with you.
3. Don't tell anyone until you ... (know) for sure.
4. If I had known, I ... (not/say) anything.

1 1. Because 2. if 3. that 4. that 5. before
Seul *that* peut être supprimé (phrases 3 et 4).

2 1. We'll call you when we arrive.
2. I would help you if I was (**ou** were) with you.
3. Don't tell anyone until you know for sure.
4. If I had known, I wouldn't have said anything.

Le discours indirect

« Je suis fatiguée. » « Meg a dit qu'elle était fatiguée. »

Au discours direct, on rapporte directement les paroles de quelqu'un. Au discours indirect, on rapporte après coup les paroles de quelqu'un. Le discours indirect entraîne quelques modifications par rapport au discours direct.

discours direct	discours indirect
"I am tired," Meg said. « Je suis fatiguée », a dit Meg.	Meg said that she was tired. Meg a dit qu'elle était fatiguée.
guillemets, pronom personnel : *I*, temps : présent	pas de guillemets, pronom personnel : *she*, temps : prétérit

154 Le verbe introducteur du discours indirect

● Pour introduire du discours indirect, on emploie surtout le verbe ***say***. La conjonction *that* est souvent omise après le verbe *say*.

– Meg **said** (that) she was tired.
Meg a dit qu'elle était fatiguée.

● ***Tell*** signifie aussi « dire » mais *say* et *tell* ne se construisent pas de la même façon : avec *tell*, il faut **obligatoirement** préciser **à qui** on dit quelque chose.

– He **told Jane** (that) he wasn't feeling well.
Il a dit à Jane qu'il ne se sentait pas bien.

Si on ne précise pas à qui on dit quelque chose, il faut employer *say* et non *tell*.

– He **said** he wasn't feeling well. (He ~~told~~ he wasn't feeling well.)
Il a dit qu'il ne se sentait pas bien.

● Voici d'autres verbes qu'on peut utiliser pour introduire du discours indirect : ***answer*** (répondre), ***demand*** (exiger), ***forbid*** (interdire), ***point out*** (signaler), ***state*** (déclarer), ***warn*** (avertir)...

– She **answered** that she didn't care.
Elle a répondu que ça lui était égal.

– The headteacher **pointed out** that it was useless.
Le proviseur a fait remarquer que c'était inutile.

155 L'emploi des temps au discours indirect

Le fonctionnement des temps est comparable au français.

discours direct	discours indirect
présent	prétérit
(She said:) "I am in London." (Elle a dit :) « Je suis à Londres. »	She said (that) she was in London. Elle a dit qu'elle était à Londres.
prétérit	*pluperfect (had* + participe passé*)*
(Sue said:) "Jo called his father." (Sue a dit :) « Jo a appelé son père. »	Sue said (that) Jo had called his father. Sue a dit que Jo avait appelé son père.
present perfect	*pluperfect*
(Lila said:) "I have seen it." (Lila a dit :) « Je l'ai vu. »	Lila said (that) she had seen it. Lila a dit qu'elle l'avait vu.
will	*would*
(Ryan said:) "I will do it." (Ryan a dit :) « Je le ferai. »	Ryan said (that) he would do it. Ryan a dit qu'il le ferait.
can	*could*
(Ryan said:) "I can do it." (Ryan a dit :) « Je peux le faire. »	Ryan said (that) he could do it. Ryan a dit qu'il pourrait le faire.

156 L'emploi des personnes au discours indirect

discours direct	discours indirect	discours direct	discours indirect
I	he/she	we	they
me	him/her	us	them
my	his/her	our	their

discours direct	discours indirect
(He said:) "I am in my car." (Il a dit :) « Je suis dans ma voiture. »	He said (that) he was in his car. Il a dit qu'il était dans sa voiture.
(Sam said:) "Lil is with me." (Sam a dit :) « Lil est avec moi. »	Sam said (that) Lil was with him. Sam a dit que Lil était avec lui.
(They said:) "We buy our bread here." (Ils ont dit :) « Nous achetons notre pain ici. »	They said (that) they bought their bread here. Ils ont dit qu'ils achetaient leur pain ici.

157 Les questions au discours indirect

● Pour poser une **question au discours indirect,** on utilise souvent le verbe ***ask*** suivi de ***if*** (si). Attention : l'ordre des mots est le même que celui d'une phrase affirmative.

discours direct	discours indirect
(Jill asked:) "Are you ill?" (Jill a demandé :) « Tu es malade ? »	Jill asked if I was ill. Jill a demandé si j'étais malade.
(Jill asked:) "Did they eat it?" (Jill a demandé :) « Est-ce qu'ils l'ont mangé ? »	Jill asked if they had eaten it. Jill a demandé s'ils l'avaient mangé.

● On emploie souvent aussi le verbe ***wonder*** (se demander).

– I wondered if it was true.
Je me suis demandé si c'était vrai.

● À l'écrit, on peut employer ***whether*** à la place de *if* : *Jill asked whether I was ill. I wondered whether it was true.*

● La question peut commencer par un mot interrogatif (*how, what, why*... (▸ 148 - 150).

discours direct	discours indirect
(She asked:) "Why are they late?" (Elle a demandé :) « Pourquoi sont-ils en retard ? »	She asked why they were late. Elle a demandé pourquoi ils étaient en retard.
(He asked me:) "When did you see them?" (Il m'a demandé :) « Quand les as-tu vus ? »	He asked me when I had seen them. Il m'a demandé quand je les avais vus.

158 Autres changements possibles au discours indirect

discours direct	discours indirect
now maintenant	then à ce moment-là
yesterday hier	the day before la veille
last week/month/year la semaine/le mois/l'année dernier (-ière)	the week/month/year before la semaine/le mois/l'année précédent(e)
four months ago il y a quatre mois	four months before quatre mois auparavant
next week/month/year la semaine/le mois/l'année prochain(e)	the following week/month/year la semaine/le mois/l'année suivant(e)

discours direct	discours indirect
(Lee said:) "I was here yesterday." (Lee a dit :) « J'étais là hier. »	Lee said (that) she had been here the day before. Lee a dit qu'elle avait été là la veille.

Training

1 Réécris ces phrases au discours indirect, en utilisant l'amorce.

"I'm not in London."
Sue said **...** → Sue said she wasn't in London.

1. "I'm tired." Harry said **...**
2. "We are from Germany." Karl and Kim said **...**
3. "I can't dance." My friend Julie said **...**
4. "We have already seen that film." My colleagues said **...**

2 Réécris ces phrases au discours indirect, en utilisant l'amorce. Attention aux déterminants possessifs.

1. "I'll go with my parents." Liz said **...**
2. "We went to the zoo last week." They said **...**
3. "Is your brother happy?" Laura asked me **...**
4. "Where did you go last year?" She asked me **...**

1 1. Harry said he was tired.
2. Karl and Kim said they were from Germany.
3. My friend Julie said she couldn't dance.
4. My colleagues said they had already seen that film.

2 1. Liz said she'd go with her parents.
2. They said they had gone to the zoo the week before.
3. Laura asked me if my brother was happy.
4. She asked me where I had gone the year before.

Les prépositions

« Je suis à Londres. »

« Il va à Londres. »

Les prépositions sont de petits mots qui servent à introduire un nom (*with Peter*) ou un groupe nominal (*with my friend*). Elles ressemblent aux particules. Mais il ne faut pas les confondre : la particule n'introduit pas un nom, elle complète le sens du verbe.

159 Les prépositions de lieu

Les prépositions de lieu sont présentées aux paragraphes **248-251**. Voici quelques emplois sur lesquels on peut se tromper.

● *At* ou Ø ?

at home
à la maison

at school
à l'école

at Jane's
chez Jane

at a party
à une fête

be (**at**) home
être à la maison

stay (**at**) home
rester chez soi

● *In* ou *into* ?

in bed
au lit

in hospital
à l'hôpital

in the world
au monde

in the newspaper
dans le journal

CAREFUL!

Into signale un changement de position.

- They went **into** the classroom. ≠ They are **in** the classroom.
  Ils sont entrés dans la classe. ≠ Ils sont dans la classe.

On ou *in* ?

on a bus / a train / a plane
dans un bus/un train/un avion

in a car
dans une voiture

on foot
à pied

on the ground floor
au rez-de-chaussée

on television
à la télévision

on the radio
à la radio

To, at ou *in* ?

go **to** the airport
aller à l'aéroport
≠
be **at** the airport
être à l'aéroport

go **to** London
aller à Londres
≠
be **in** London
être à Londres

go **to** work
aller au travail
≠
be **at** work
être au travail

mais :

go home
rentrer chez soi

160 Les prépositions de temps

Quelques prépositions courantes

after midnight
après minuit

before the break
avant la pause

by 8
à 8 heures au plus tard

by the end of the week
avant la fin de la semaine

during the war
durant la guerre

during our holidays
durant nos vacances

from 2015 **to** 2023
de 2015 à 2023

until now, **up to** now
jusqu'à présent

At + heure, nom de fête

at 8 o'clock
à 8 heures

at Christmas
à Noël

at the weekend
le week-end

- *In* + mois, saisons, années, siècles

in June en juin	**in** winter en hiver	**in** 2015 en 2015	**in** the 20th century au XXe siècle

- *In* + moment de la journée

in the morning le matin	**in** the afternoon l'après-midi

mais :

at night la nuit	**during** the day dans la journée

- *In* + période de temps dans l'avenir

in ten minutes dans dix minutes	**in** two months dans deux mois

- *On* + jour de la semaine, date

on Sunday dimanche	**on** February 12 le 12 février

For et *since* ▶ 28

161 Les autres prépositions

about au sujet de	because of à cause de	instead of au lieu de
according to selon	contrary to, unlike contrairement à	like comme
as en tant que	despite, in spite of malgré	without sans

"What's it **about**?" "It's a book **about** computers."
« Ça parle de quoi ? – C'est un livre sur les ordinateurs. »

- Il ne faut pas confondre *like* (« comme » au sens de « comparé à ») et *as* (« comme » au sens de « en tant que »).

– Matt works as a waiter.
Matt travaille comme (en tant que) serveur. [Matt est serveur.]

– Elly is like my sister.
Elly est comme ma sœur. [Elly n'est pas ma sœur.]

● « Selon » se dit *according to*, mais « selon moi » ne se dit pas ~~*according to me*~~.

according to her and according to Jo
selon elle et selon Jo
in my opinion (to my mind)
selon moi

162 Les verbes suivis d'une préposition

● En anglais, comme en français, on doit parfois utiliser une préposition entre le verbe et son complément. C'est le cas de : *look* ***after*** *sth/sb* (s'occuper de qqch./qqn), *talk* ***about*** *sth/sb* (parler de qqch./qqn), *think* ***of*** *sth/sb* (penser à qqch./qqn), *write* ***to*** *sb* (écrire à qqn)...

- We talked **about** the exam.
  Nous avons parlé de l'examen.

● Parfois, on trouve une préposition en anglais mais pas en français. On dit : *ask* ***for*** *sth* (demander qqch.), *look* ***at*** *sth/sb* (regarder qqch./qqn), *look* ***for*** *sth/sb* (chercher qqch./qqn), *listen* ***to*** *sth/sb* (écouter qqch./qqn), *pay* ***for*** *sth* (payer qqch.), *wait* ***for*** *sth/sb* (attendre qqch./qqn)...

- Listen **to** me carefully.
  Écoutez-moi attentivement.
- How much did you pay **for** your mobile?
  Combien as-tu payé ton portable ?

● On n'emploie pas de préposition avec *enter* (entrer dans), *obey* (obéir à), *remember* (se souvenir de) et *trust* (faire confiance à).

- This dog does not **obey** its owners.
  Ce chien n'obéit pas à ses maîtres.
- Do you **remember** Mrs Ahmed?
  Tu te souviens de Madame Ahmed ?

Adjectifs suivis d'une préposition ▶ 126

Parfois les constructions sont très différentes en anglais et en français : *remind* ***sb*** *of sth* mais « rappeler qqch. à **qqn** ».

- It reminds **me** of my holiday in Bristol.
  Ça **me** rappelle mes vacances à Bristol.

Attention à l'ordre des mots avec *describe* (décrire), *explain* (expliquer) et *suggest* (suggérer).

- Describe **to me** this painting. (~~Describe me~~ this painting.)
  Décrivez-moi ce tableau.
- Explain **to them** the difference. (~~Explain them~~ the difference.)
  Expliquez-leur la différence.
- Can you suggest **to us** a pub? (Can you ~~suggest us~~ a pub?)
  Pouvez-vous nous suggérer un pub ?

163 Préposition ou particule ?

Parmi les verbes ordinaires, certains sont **composés de deux mots.** Le premier mot est le verbe proprement dit, qui se conjugue, et le second est un petit mot (appelé « particule »), qui change le sens du verbe.

- Put it here. [*put* : mettre]
  Mets-le ici.
- Can we put it off? [*put off* : remettre à plus tard]
  Est-ce qu'on peut remettre ça à plus tard ?

Voici quelques verbes courants suivis d'une particule.

verbe simple	verbe + particule
break (casser)	break down (tomber en panne)
bring (apporter)	bring up (élever)
give (donner)	give up (abandonner)
go (aller)	go on (continuer)
sit (être assis)	sit down (s'asseoir)
stand (être debout)	stand up (se lever)
drop (laisser tomber)	drop in (passer chez quelqu'un)
move (déplacer)	move out (déménager)
turn (tourner)	turn off (éteindre)

● Les verbes à particule peuvent être suivis d'un COD qui se place entre le verbe et la particule ou après le verbe.

– Put your shoes on. (Put on your shoes.)
  Mets tes chaussures.

● Quand le COD est *it* ou *them*, une seule place est possible : entre le verbe et la particule.

– Put them on now. (~~Put on them now~~.)
  Mets-les maintenant.

● Certains verbes sont composés de **trois mots**, par exemple *get on with* (bien s'entendre avec), *look forward to* (attendre avec impatience) et *put up with* (supporter). Le troisième mot est une préposition.

– They **get on with** their parents.
  Ils s'entendent bien avec leurs parents.
– I can't **put up with** this situation.
  Je ne supporte pas cette situation.
– I **look forward to** next year.
  Il me tarde d'être à l'année prochaine.

Training

1 Choisis la bonne proposition.

A quick conversation ... the phone

David – "I'm not ... home. I'm going ... the station. I'm ... a bus right now. My cousin is arriving ... twenty minutes, ... 11:30. She always visits me ... Saturdays."

Tom – "Listen ... me, David. Today is Friday!"

2 Traduis.

1. Selon Lucy, tu es comme son frère.
2. Ça nous rappelle nos vacances au pays de Galles (*Wales*).
3. J'arriverai en retard à cause de toi.
4. Contrairement à toi, je suis né au vingtième siècle !

1 *A quick conversation* **on** *the phone*

David – "I'm not **at** home. I'm going **to** the station. I'm **on** a bus right now. My cousin is arriving **in** twenty minutes, **at** 11:30. She always visits me **on** Saturdays."

Tom – "Listen **to** me, David. Today is Friday!"

2 1. According to Lucy, you're like her brother.
2. It reminds us of our holiday in Wales.
3. I'll arrive late because of you.
4. Unlike you, I was born in the twentieth century.

Les adverbes

Les adverbes servent à modifier un **adjectif**, un **verbe** ou une **phrase**.

- It's **really** cold.
  Il fait vraiment froid.
- He walked **quickly**.
  Il a marché vite.
- **Honestly**, I don't like it.
  Honnêtement, je n'aime pas ça.

Du point de vue du sens, on distingue principalement les adverbes de degré, de fréquence et de liaison.

164 La formation des adverbes

● Les adverbes peuvent être des mots simples : *fast* (vite), *too* (trop), *well* (bien)...

● Beaucoup d'adverbes sont formés sur « adjectif + *-ly* » (comme en français « adjectif + -ment »).

rapidly rapidement	slowly lentement

● Si l'adjectif se termine par *-y*, l'adverbe se termine en *-ily* : *easy* → ***easily*** (facilement).

● Quelques adverbes en *-ly* ont un sens particulier : on ne peut pas le déduire de l'adjectif sur lequel ils sont formés.

hard : dur ≠ hardly : à peine
late : tardif ≠ lately : récemment
near : proche ≠ nearly : presque

CAREFUL!

Hardly s'emploie avec un verbe à la forme affirmative.

- **Hardly** anyone came. I can **hardly** believe it.
  Presque personne n'est venu. Je peux à peine le croire.

- Quelques mots peuvent être soit adjectifs (ils modifient un nom), soit adverbes.

	adjectif	adverbe
early	matinal	de bonne heure
fast	rapide	rapidement
late	tardif	en retard
hard	dur	durement, fort

- These are **hard times**. That's why they're working **hard**.
  Les temps sont durs. C'est pourquoi ils travaillent dur.

165 Les adverbes de degré

- Les adverbes de degré modifient des adjectifs. Ils expriment une intensité qui va du faible (*a little* : un peu) au très élevé (*very* : très).

a little, a bit
un peu
enough
assez

quite
vraiment, tout à fait
rather, fairly
plutôt, assez

really
vraiment, réellement
so
si

too
trop
very
très

- Les adverbes de degré se placent **avant** l'adjectif.

- I'm **a little** nervous.
  Je suis un peu angoissé.
- They're **rather** nice.
  Ils sont plutôt sympas.

- *Enough* fait exception : il se place toujours **après** l'adjectif qu'il modifie.

- You're not **old enough** to go out. (~~enough old~~)
  Tu n'es pas **assez âgé** pour sortir.

CAREFUL!

Attention : « *enough* + nom » = « **assez de + nom** ».

- Do we have enough crisps?
  Est-ce qu'on a assez de chips ?

- *So* et *such* peuvent tous deux se traduire par « si », « tellement ». Mais ***so*** est suivi d'un adjectif et ***such*** d'un « adjectif + nom ».

– Jo is **so unpleasant** and Luke is **such a nice boy**.
Jo est si antipathique et Luke est un garçon si gentil.

CAREFUL !

Attention à l'ordre des mots avec *such* :

such a nice boy
un garçon **si** gentil

such nice people
des gens **si** gentils

166 Les adverbes de fréquence

- Les adverbes de fréquence modifient un verbe.

always toujours	usually d'habitude	rarely rarement	never ne… jamais
often souvent	sometimes parfois	hardly ever presque jamais	

- Les **adverbes de fréquence** se placent entre le sujet et le verbe.

– We **often** eat in the canteen.
Nous mangeons souvent à la cantine.

– Do you **often** work on Sundays?
Est-ce que vous travaillez souvent le dimanche ?

CAREFUL !

Never et *hardly ever* s'emploient avec un verbe à la forme affirmative.

– We **never** go out.
Nous ne sortons jamais.

– We **hardly ever** go out.
Nous ne sortons presque jamais.

« Tu n'es pas assez âgé pour sortir. »

● Les adverbes de fréquence se placent **après** le verbe ***be***, **après** les **auxiliaires** et **après** les **modaux**.

- They are **often** tired.
  Ils sont souvent fatigués.
- She has **often** said that.
  Elle a souvent dit cela.
- I will **never** forget you.
  Je ne t'oublierai jamais.

167 Les adverbes de liaison

● Les adverbes de liaison introduisent une nouvelle proposition tout en créant un lien logique avec ce qui précède. Ils se placent souvent **en début de proposition**.

actually en fait	indeed en effet	therefore par conséquent
anyway de toute façon	perhaps, maybe peut-être	though pourtant
however cependant	still quand même	thus ainsi

- **Maybe** you're right but **frankly**, I don't care.
  Tu as peut-être raison, mais ça m'est franchement égal.
- This is one possibility. **However**, there are others.
  C'est une possibilité. Cependant, il y en a d'autres.

CAREFUL!

En début de proposition, *though* est une conjonction (bien que). En fin de phrase, *though* est un adverbe (pourtant).

- I'll do it **though** I don't want to.
  Je le ferai, bien que je ne veuille pas.
- She's my best friend. I hate her brother **though**.
  C'est ma meilleure amie. Pourtant, je déteste son frère.

Still peut signifier « quand même » ou « encore », selon le contexte.

- You lied to me, but you're **still** my friend.
  Tu m'as menti, mais tu es quand même mon ami.
- I'm **still** thirsty.
  J'ai encore soif.

168 Les adverbes de temps et de lieu

Les adverbes de temps et de lieu modifient une phrase.

- Adverbes de temps

afterwards après	now maintenant	soon bientôt	today aujourd'hui
eventually finalement	once autrefois	then alors	

- Adverbes de lieu

above plus haut	behind derrière	here ici	there là, là-bas

Ces adverbes se placent surtout **en fin de phrase.**

- I want to see them **now**.
  Je veux les voir maintenant.
- All the bedrooms are **upstairs**.
  Toutes les chambres sont en haut.

169 Cas particuliers

Already (déjà), *also* (aussi), *even* (même), *ever* (jamais), *just* (juste), *nearly* (presque), *only* (seulement), *probably* (probablement), *last* (pour la dernière fois) et *still* (encore) peuvent se placer entre le sujet et le verbe, mais **après** le verbe ***be***, les **auxiliaires** et les **modaux.**

- They **probably** live here.
  Ils vivent probablement ici.
- They are **probably** tired.
  Ils sont probablement fatigués.

— She has **really** worked hard.
Elle a vraiment travaillé dur.

— We could **still** catch the last train.
On pourrait encore attraper le dernier train.

● *Really* peut se placer avant ou après *do not*, mais la nuance n'est pas la même.

— I don't **really** like them. ≠ I **really** don't like them.
Je ne les aime pas vraiment. ≠ Je ne les aime vraiment pas.

● *Too* et *also* /ˈɔːlsəʊ/ signifient « aussi », mais généralement *too* se place en fin de phrase et *also* avant le verbe.

— I **also** speak German. (I speak German **too**.)
Je parle aussi allemand.

Training

1 L'ordinateur a mélangé tous les mots ! Remets-les dans le bon ordre.

1. really was Patty tired
2. nice brother so her is
3. on my holiday Alice maybe is cousin
4. often train she by travel does?

2 Insère l'adverbe entre parenthèses dans les phrases suivantes.

1. We've wanted to go to Egypt. (always)
2. Do you think she's stupid to say that? (enough)
3. I've talked to your parents about you. (often)
4. I will miss you. In fact I miss you. (really – already).

1 1. Patty was really tired. 2. Her brother is so nice. 3. Maybe my cousin Alice is on holiday. 4. Does she often travel by train?
2 1. We've always wanted to go to Egypt. 2. Do you think she's stupid enough to say that? 3. I've often talked to your parents about you. 4. I will really miss you. In fact I already miss you.

Vocabulaire

Décrire quelqu'un

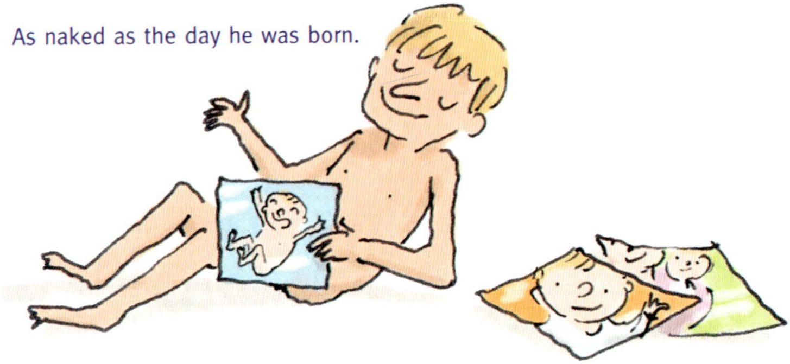

[Aussi nu que le jour de sa naissance.] Prov. : Nu comme un ver.

170 Identity (l'identité)

- a first name : un prénom
- a family name, a surname, a last name : un nom de famille
- a 'person (pl. people) : une personne
- a girl /ɜː/ : une fille
- a boy : un garçon
- a 'woman (pl. women /'wɪmɪn/) : une femme
- a man (pl. men) : un homme
- an ID /aɪ 'diː/ : une pièce d'identité
- a 'passport : un passeport
- infor'mation : des renseignements
- natio'nality : la nationalité
- date of birth /ɜː/ : la date de naissance
- 'fingerprints : les empreintes digitales

On an ID, there is a lot of personal information: the person's surname and first name, his/her nationality, date of birth, fingerprints and signature.

Sur une pièce d'identité, il y a beaucoup de renseignements personnels : le nom de famille et le prénom de la personne, sa nationalité, sa date de naissance, ses empreintes digitales et sa signature.

MONSIEUR, MADAME, MADEMOISELLE

Pour dire seulement « Monsieur » ou « Madame », on dit *Sir* ou *Madam*, mais si on utilise le nom de famille, on dit *Mr* /'mɪstə/ *Smith*, *Mrs* /'mɪsɪz/ *Pitt*. Pour « Mademoiselle », on utilise *Miss*. Pour ne pas préciser si une femme est mariée ou non, on emploie *Ms* /mɪz/ : *Ms Barling*.

171 Physical appearance (l'apparence physique)

- to look (+ adj.) : avoir l'air
- to look like (+ nom) : ressembler à
- good-looking, 'beautiful : beau
- pretty /'prɪti/ : joli
- 'handsome : beau [pour un homme]
- 'ugly : laid
- tall, big : grand
- small, short : petit
- young /jʌŋ/ : jeune
- old : âgé, vieux
- strong : fort
- weak /iː/ : faible
- fat : gros
- slim : mince
- thin : maigre
- skinny /'skɪni/ : très maigre
- height /haɪt/ : la taille
- weight /weɪt/ : le poids

My mother is quite old, but she's pretty. Though I find her tall and slim, she thinks she's too small and too fat, and she often tries to lose weight and look younger.

Ma mère est assez âgée, mais elle est jolie. Bien que je la trouve grande et mince, elle pense qu'elle est trop petite et trop grosse, et elle essaie souvent de perdre du poids et d'avoir l'air plus jeune.

172 The face (le visage)

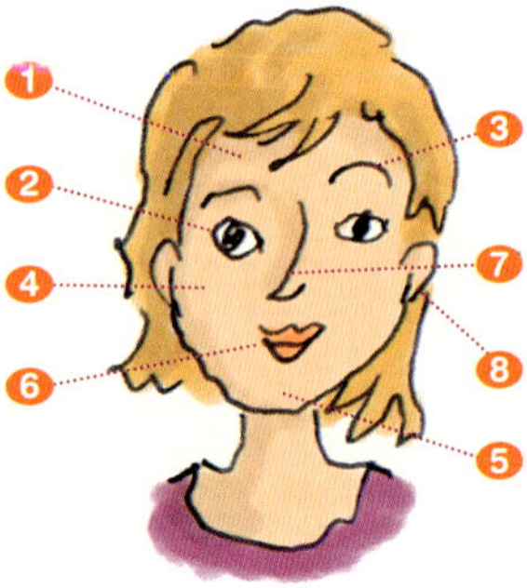

1. the 'forehead : le front
2. an eye /aɪ/ : un œil
3. an 'eyebrow : un sourcil
4. the cheek /iː/ : la joue
5. the chin : le menton
6. the mouth /maʊθ/ : la bouche
7. the nose : le nez
8. the ear /ɪə/ : l'oreille

- an 'eyelash : un cil
- a tooth (pl. teeth) : une dent
- the lips : les lèvres
- the skin : la peau
- 'freckles : des taches de rousseur
- a beard /ɪə/ : une barbe
- square : carré
- round /aʊ/ : rond

My English teacher is Irish. He's got red hair, a red moustache, green eyes and a lot of freckles all over his face: on his cheeks, his forehead and even on his chin.

Mon professeur d'anglais est irlandais. Il a les cheveux roux, une moustache rousse, les yeux verts et beaucoup de taches de rousseur sur tout le visage : sur les joues, le front et même sur le menton.

173 Hair (les cheveux)

- brown /aʊ/ : châtain
- dark : brun, foncé
- fair : blond, clair
- blond : blond
- red : roux
- short : court
- to have* one's hair cut : se faire couper les cheveux
- frizzy : frisé, crépu
- curly : bouclé
- straight /streɪt/ : raide
- bald /ɔː/ : chauve
- to comb /kəʊm/ one's hair : se peigner
- to brush one's hair : se brosser les cheveux

I'd like my hair to be straight, but it is curly and difficult to comb. Maybe I should have it cut.

Je voudrais que mes cheveux soient raides, mais ils sont bouclés et difficiles à peigner. Je devrais peut-être les faire couper.

174 The body (le corps)

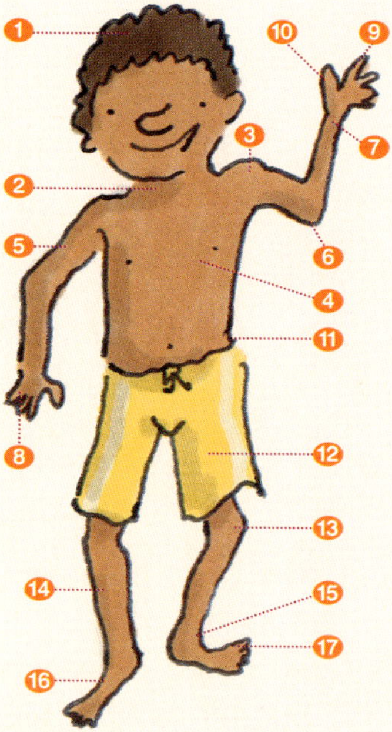

1. the head /e/ : la tête
2. the neck : le cou
3. the 'shoulder : l'épaule
4. the chest : la poitrine
5. the arm : le bras
6. the 'elbow : le coude
7. the wrist /rɪst/ : le poignet
8. the hand : la main
9. a finger : un doigt
10. the thumb /θʌm/ : le pouce
11. the waist /eɪ/ : la taille
12. the thigh /aɪ/ : la cuisse
13. the knee /ni:/ : le genou
14. the leg : la jambe
15. the ankle : la cheville
16. the foot (pl. feet) : le pied
17. a toe : un orteil

His hands look really funny: he's got small wrists but long fingers and tiny thumbs. And look at his knees!

Ses mains ont l'air vraiment drôles : il a de petits poignets mais de longs doigts et des pouces minuscules. Et regarde ses genoux !

175 Clothes /kləʊðz/ (les vêtements)

- to wear* /eə/ : porter [un vêtement]
- 'fashionable : à la mode
- old-fashioned : démodé
- casual /'kæʒjul/ : décontracté
- 'formal : habillé
- a shirt /ɜː/ : une chemise
- a blouse /aʊ/ : un chemisier
- trousers /aʊ/ (GB), pants (US) : un pantalon
- a sweater /'swetə/, a jumper : un pull-over
- a skirt /ɜː/ : une jupe
- a dress : une robe
- a jacket : une veste
- a suit /suːt/ : un costume, un tailleur
- a tracksuit : un survêtement
- a coat /əʊ/ : un manteau
- a raincoat : un imperméable
- socks : des chaussettes
- tights /taɪts/ : un collant

chequered /'tʃekəd/ : à carreaux

striped /aɪ/ : rayé

À l'école ▶ 202 • Dans la vie de tous les jours ▶ 210, 213

@)) To go to school, English pupils wear a shirt, a tie and a sweater or a jacket. Girls have to wear a skirt but boys wear trousers. Their uniforms look like suits.

Pour aller à l'école, les élèves anglais portent une chemise, une cravate et un pull-over ou une veste. Les filles doivent porter une jupe mais les garçons portent un pantalon. Leurs uniformes ressemblent à des costumes.

CAREFUL!

- *Trousers*, *pants* et *jeans* **sont toujours** au pluriel (▶79) car ces vêtements sont formés de deux parties identiques (deux jambes). Pour dire « **un** pantalon », on dit ***a pair*** *of trousers*.
- *Hair* est au singulier quand il désigne la chevelure (▶75).

176 Shoes and accessories (chaussures et accessoires)

- boots : des bottes
- trainers (GB), sneakers (US) : des baskets
- slippers : des chaussons
- a hat : un chapeau
- a woollen hat : un bonnet
- a cap : une casquette
- a scarf /ɑː/ (pl. scarves) : une écharpe, un foulard
- gloves /ʌ/ : des gants
- an um'brella : un parapluie
- a 'handbag : un sac à main
- a tie /aɪ/ : une cravate
- a belt : une ceinture
- leather /'leðə/ : le cuir
- 'sunglasses : des lunettes de soleil
- a watch : une montre
- jewels /'dʒuːəlz/ : des bijoux
- a 'necklace /ləs/ : un collier
- 'earrings : des boucles d'oreille
- a ring : une bague
- matching : assorti
- dark : foncé
- light : clair

white /aɪ/ : blanc
black : noir
blue /uː/ : bleu
green : vert
red : rouge
purple /ɜː/ : violet
brown : marron
yellow : jaune
pink : rose
orange /'ɒrɪndʒ/ : orange
grey : gris
beige /beɪʒ/ : beige

177 Personality (la personnalité)

- nice /aɪ/, kind /aɪ/ : gentil
- 'friendly : amical
- nasty, mean /iː/ : méchant
- helpful : serviable
- selfish : égoïste
- 'funny : drôle
- 'careful : prudent
- shy /aɪ/ : timide
- brave, cou'rageous : courageux
- in'telligent : intelligent
- 'sensible : raisonnable
- silly, stupid : stupide
- 'lazy : paresseux
- touchy /'tʌtʃi/ : susceptible
- proud /praʊd/ : fier
- (un)fair : (in)juste
- 'skillful /ɪ/ : habile, adroit
- clumsy /'klʌmzi/ : maladroit

- to have* a good/bad temper : avoir bon/mauvais caractère

Les goûts et les sentiments ▶ 183-190

Tony has got a very good temper. He is nice, helpful and sensible. He's never mean or selfish. I'm proud to be his friend.

Tony a très bon caractère. Il est sympa, serviable et raisonnable. Il n'est jamais méchant ou égoïste. Je suis fier d'être son ami.

Training

1 Voici Kevin. Coche ce qui correspond à sa description.

1. This is:
- ☐ a young girl ☐ an old man ☐ a young boy

2. He is:
- ☐ tall and fat ☐ tall and thin ☐ small and slim

3. He has got:
- ☐ a big mouth ☐ a big nose ☐ a small nose
- ☐ dark hair ☐ big earrings ☐ blond hair

4. He is wearing:
- ☐ a blue skirt ☐ blue trousers ☐ a blue suit
- ☐ a shirt ☐ a skirt ☐ a sweater
- ☐ a cap ☐ a hat ☐ a scarf
- ☐ boots ☐ trainers ☐ tights

2 Trouve le contraire des mots suivants.

1. beautiful ≠ …
2. thin ≠ …
3. strong ≠ …
4. round ≠ …
5. straight (hair) ≠ …
6. fashionable ≠ …
7. skillful ≠ …
8. nasty ≠ …
9. intelligent ≠ …

1 1. a young boy 2. tall and thin 3. a small nose – blond hair
4. blue trousers – a shirt – a cap – trainers
2 1. ugly 2. fat 3. weak 4. square 5. curly, frizzy 6. old-fashioned
7. clumsy 8. nice, kind 9. silly, stupid

Parler de sa famille

Prov. : Tel père, tel fils.

178 My family (ma famille)

- the 'parents : les parents
- a child /aɪ/ (pl. 'children /ɪ/) : un enfant
- a son : un fils
- a daughter /'dɔːtə/ : une fille
- my brother /'brʌðə/ : mon frère
- my 'sister : ma sœur
- my father : mon père
- my mother : ma mère
- my cousin /'kʌzn/ : mon cousin, ma cousine
- a nephew /'nefjuː/ : un neveu
- a niece /niːs/ : une nièce
- my uncle /'ʌŋkl/ : mon oncle
- my aunt /'ɑːnt/ : ma tante
- the 'grandparents : les grands-parents
- my 'grandfather : mon grand-père
- my 'grandmother : ma grand-mère

@)) My father has got three sisters, and my mother has got two brothers: so, I've got three aunts and two uncles. They all have sons and daughters, so I've got lots of cousins!

Mon père a trois sœurs, et ma mère a deux frères : donc, j'ai trois tantes et deux oncles. Ils ont tous des fils et des filles, donc j'ai beaucoup de cousins !

179 Marriage /ˈmærɪdʒ/ (le mariage)

- single : célibataire
- in love (with) : amoureux (de)
- enˈgaged : fiancé
- a ˈwedding : un mariage [la cérémonie]
- the (wedding) ring : l'alliance
- to get* married to : se marier avec
- to marry sb : épouser qqn
- the bride /aɪ/ : la mariée
- the (bride)groom : le marié
- the wife /aɪ/ (pl. wives) : l'épouse
- the ˈhusband : le mari
- my mother-in-law : ma belle-mère [la mère de ma femme/de mon mari]
- my father-in-law : mon beau-père [le père de ma femme/de mon mari]
- to break* up, to split* up : se séparer
- ˈseparated : séparé
- to get* diˈvorced, to diˈvorce : divorcer
- a half-brother/-sister : un demi-frère/une demi-sœur
- my stepmother : ma belle-mère [la 2e femme de mon père]
- my stepfather : mon beau-père [le 2e mari de ma mère]
- widowed : veuf
- a widow : une veuve
- a widower : un veuf

LA DEMANDE EN MARIAGE

To proˈpose to someone signifie « demander quelqu'un en mariage » et non « proposer » qui se dit *to offer*. La formule consacrée pour faire sa demande en mariage (*proposal*) est : *Will you marry me?*, question à laquelle on répond (dans le meilleur des cas !) *I will*. L'auxiliaire *will*, ici, exprime la volonté (« Oui, je le veux »).

I went to Patricia's wedding last Saturday! She got married to that handsome boy, Frank! She was wearing a wonderful gown, they formed a lovely couple.

Je suis allé au mariage de Patricia samedi dernier ! Elle s'est mariée avec ce beau garçon, Frank ! Elle portait une robe superbe, ils formaient un couple adorable.

180 Children and education (les enfants et l'éducation)

- to be* 'pregnant : être enceinte
- to expect a baby : attendre un bébé
- to be* born : naître, être né
- a birth /ɜː/ : une naissance
- childhood /aɪ/ : l'enfance
- to bring* up a child : élever un enfant
- to look after : s'occuper de
- an only child : un enfant unique
- twins : des jumeaux
- mum /ʌ/, mummy : maman
- dad, daddy : papa
- a nanny : une nounou
- a childminder : une nourrice
- to kiss : embrasser
- loving : affectueux
- good : gentil, sage
- naughty /'nɔːti/ : vilain, méchant
- po'lite /aɪ/ : poli
- rude /uː/ : impoli, grossier
- strict : sévère
- to punish /ʌ/ : punir
- to scold : gronder
- to spoil* : gâter
- to o'bey sb : obéir à qqn

“My son is naughty and rude with everybody, and he never obeys me!” “Do you sometimes scold him?” “No, I don't. Do you think I spoil him?” “Well, I know it is difficult to bring up children. But I believe that, if you love them, you must be strict with them.”

« Mon fils est méchant et grossier avec tout le monde et il ne m'obéit jamais ! – Est-ce que vous le grondez parfois ? – Non. Vous pensez que je le gâte trop ? – Eh bien, je sais qu'il est difficile d'élever des enfants. Mais je crois que, si on les aime, il faut être sévère avec eux. »

CAREFUL!

Pour parler de l'aîné(e) de la famille, on utilise *the elder* (comparatif) lorsqu'il y a deux enfants et *the eldest* (superlatif) lorsqu'il y en a trois ou plus.

181 Growing up and getting old (grandir et vieillir)

- to be* . . . years old : avoir… ans
- youth /ju:θ/ : la jeunesse
- a 'teenager : un adolescent
- an 'adult : un adulte
- middle-aged : d'un certain âge
- to grow* old, to get* old : vieillir
- life /aɪ/ : la vie
- death /deθ/ : la mort
- dead /ded/ : mort
- to die /daɪ/ : mourir

When you are a child or a teenager, you dream of growing up and becoming an adult… but old people will tell you that youth and life go by too quickly.

Quand on est enfant ou adolescent, on rêve de grandir et de devenir adulte… mais les personnes âgées vous diront que la jeunesse et la vie passent trop vite.

CAREFUL!

- Pour dire : « Je suis né(e) en... », on utilise *be* au prétérit, car il s'agit forcément d'un évènement passé : *I **was** born in 1999.*
- Pour demander l'âge de quelqu'un, on dit : *How old are you?* (▶ 150) et on répond par exemple : *I **am** thirteen years old* (j'ai treize ans). On utilise donc *be* (▶ 2).
- Pour dire : « Il est mort en... », on emploie le verbe *to die* au prétérit : *he **died** in 1990.*

LES TEENAGERS

On appelle *teenager* quelqu'un dont l'âge (*age*) se termine en *-teen*, entre treize (*thir**teen***) et dix-neuf (*nine**teen***) ans.

182 The generation gap (le conflit des générations)

- the young : les jeunes
- pocket money : l'argent de poche
- to get* on well (with) : bien s'entendre (avec)
- to trust /ʌ/ : faire confiance à
- to mis'trust : ne pas faire confiance à
- to understand* : comprendre
- a misunder'standing : un malentendu
- to argue /'ɑːgjuː/, to have an 'argument : se disputer
- to not care about sth : se ficher de qqch.
- to be* fed up (with) : en avoir assez (de)

Sometimes, the young don't get on well with the adults. They feel their parents don't understand them. They argue about education, fashion or pocket money.

Parfois, les jeunes ne s'entendent pas avec les adultes. Ils ont le sentiment que leurs parents ne les comprennent pas. Ils se disputent à propos d'éducation, de mode ou d'argent de poche.

Training

1 Reconstitue les paires à partir des noms suivants comme dans l'exemple.

1. sister/ brother
2. uncle/ ...
3. grandfather/ ...
4. son/ ...
5. niece/ ...
6. half-brother/ ...
7. husband/ ...
8. stepmother/ ...
9. daddy/ ...

2 Coche la bonne réponse.

1. My mother's new husband is:
- ☐ my grandfather
- ☐ my half-brother
- ☐ my stepfather
- ☐ my father-in-law

2. We are three children in the family, and my brother Tom is:
- ☐ the elder
- ☐ the eldest
- ☐ younger
- ☐ old

3. A fourteen-year-old boy is:
- ☐ an only child
- ☐ an old boy
- ☐ middle-aged
- ☐ a teenager

4. Her husband's mother is:
- ☐ her mother-in-law
- ☐ her stepmother
- ☐ her wife
- ☐ her niece

5. When a woman expects a baby, she is:
- ☐ naughty
- ☐ rude
- ☐ polite
- ☐ pregnant

6. Two babies born on the same day from the same mother are:
- ☐ cousins
- ☐ twins
- ☐ sisters
- ☐ nephews

7. If you don't get on well with your parents, you sometimes:
- ☐ understand
- ☐ grow up
- ☐ argue
- ☐ trust

1 1. brother 2. aunt 3. grandmother 4. daughter
5. nephew 6. half-sister 7. wife 8. stepfather 9. mummy

2 1. my stepfather 2. the eldest 3. a teenager
4. her mother-in-law 5. pregnant 6. twins 7. argue

Les goûts et les sentiments

A hungry man is an angry man.

[Un homme qui a faim est un homme en colère.] Prov. : Ventre affamé n'a pas d'oreilles !

183 Likes (ce que l'on aime)

- to like : aimer
- to like + V-ing : aimer faire qqch.
- to love : aimer, adorer
- to pre'fer, to like . . . better / best : préférer
- I'd (would) rather : je préférerais
- favourite /ˈfeɪvərɪt/ : préféré
- to be* crazy/mad about : être fou de
- to be* keen on : être emballé par
- to feel* like : avoir envie de
- to be* fond of : être amateur de
- to enjoy : prendre plaisir à
- to be* interested in : s'intéresser à
- to be* worth /wɜːθ/ (+ V-ing) : valoir la peine de (+ V)
- tastes : les goûts

@)) In my spare time, I like reading but I prefer comics to novels. I also enjoy watching series on TV. I'm crazy about *Desperate Housewives*. I think it's really worth seeing!

Pendant mon temps libre, j'aime lire mais je préfère les BD aux romans. J'aime aussi regarder des séries à la télé. Je suis fou de *Desperate Housewives*. Je pense que ça vaut vraiment la peine d'être vu !

CAREFUL!

Pour parler de ses préférences, il existe plusieurs expressions et constructions.

- She **prefers** English **to** German.
  Elle préfère l'anglais à l'allemand.
- She **likes** English **better than** German.
  Elle aime mieux l'anglais que l'allemand.
- He loves languages and English is the one he **likes best**.
  Il adore les langues et l'anglais est celle qu'il préfère.

184 Dislikes (ce que l'on n'aime pas)

- to dislike : ne pas aimer
- to hate : détester
- I can't stand/bear /beə/ : je ne supporte pas
- I don't mind /aɪ/ : ça m'est égal
- I don't care /keə/ : je m'en fiche
- it doesn't matter : ça ne fait rien
- it's all the same to me : ça m'est égal

@)) I hate doing the housework and I can't stand doing the washing-up, whereas my brother doesn't mind. So, it doesn't matter if he always does it... Does it?

Je déteste faire le ménage et je ne supporte pas de faire la vaisselle, alors que mon frère, lui, ça ne le dérange pas. Donc, ça ne fait rien si c'est lui qui la fait toujours… N'est-ce pas ?

YUCK ET YUM !

Quand on n'aime pas un aliment, on peut tout simplement s'exclamer *yuck* (« berk »). Quand on l'aime, on dit *yum* ou *yummy* (« miam miam »).

185 'Happiness (le bonheur)

- to have* fun, to en'joy oneself : s'amuser
- 'happy : heureux
- enthusi'astic : enthousiaste
- 'merry : joyeux
- delighted /di'laɪtɪd/ : ravi
- pleased /pli:zd/, glad /æ/ : content
- pleasure /'pleʒə/ : le plaisir
- 'cheerful : gai
- in a good mood/'temper : de bonne humeur
- to smile /aɪ/ : sourire
- to laugh /lɑ:f/ : rire
- laughter (indén.) : le rire
- ex'citing : passionnant, captivant

@)) It's always a pleasure to see my best friend because she's the most cheerful and enthusiastic girl I know. She always laughs, and she is always in a good mood.

C'est toujours un plaisir de voir ma meilleure amie parce que c'est la fille la plus gaie et la plus enthousiaste que je connaisse. Elle rit tout le temps et elle est toujours de bonne humeur.

186 Sadness (la tristesse)

- sad : triste
- 'miserable : malheureux
- 'misery : le malheur
- grief /i:/ : le chagrin
- disap'pointed : déçu
- de'pressed : déprimé
- 'desperate /'desprət/ : désespéré
- des'pair : le désespoir
- to cry, to weep* : pleurer
- to sob : sangloter
- to burst* into tears : fondre en larmes
- to feel* bored : s'ennuyer
- boring, dull /ʌ/ : ennuyeux
- to sigh /saɪ/ : soupirer
- annoyed : contrarié

When I'm sad or depressed, I sigh all the time. And I often feel like crying: I can easily burst into tears or sob.

Quand je suis triste ou déprimé, je soupire tout le temps. Et j'ai souvent envie de pleurer : je peux facilement fondre en larmes ou sangloter.

187 Anger /'æŋgə/ (la colère)

- to be* 'angry at/with sb : être en colère contre qqn
- to lose* one's temper : se mettre en colère
- to make* sb angry : mettre qqn en colère
- furious /'fjʊəriəs/ : très en colère
- cross (with) : fâché (contre)
- to be* fed up with/sick of : en avoir marre de
- to get* on sb's nerves /nɜːvz/ : taper sur les nerfs de qqn
- to pick on sb : s'en prendre à qqn
- to drive* sb mad/crazy : rendre fou qqn

I'm fed up with my sister! She's always picking on me! That gets on my nerves and makes me so angry with her.

J'en ai marre de ma sœur ! Elle s'en prend tout le temps à moi ! Ça me tape sur les nerfs et ça me met tellement en colère contre elle.

188 Fear /fɪə/ (la peur, la crainte)

frightening : effrayant

frightened /'fraɪtənd/, scared : effrayé

- to frighten /aɪ/, to scare /skeə/ : effrayer, faire peur à
- fright /fraɪt/ : la peur, l'effroi
- to be afraid of : avoir peur de
- to be scared to death : être mort de peur
- to fear : craindre, avoir peur de
- fearful : peureux, craintif
- to faint : s'évanouir
- to dread /e/ : redouter
- dreadful : redoutable

My brother is afraid of everything: any animal can frighten him, a tiny mouse can make him faint and he is scared to death every time he sees a spider!

Mon frère a peur de tout : n'importe quel animal peut l'effrayer, une minuscule souris peut le faire s'évanouir et il est mort de peur à chaque fois qu'il voit une araignée !

189 Hopes and regrets (les espoirs et les regrets)

- to hope : espérer
- 'hopeful : plein d'espoir
- 'hopeless : sans espoir, désespéré
- to wish : souhaiter
- to ex'pect : s'attendre à, compter sur
- to be 'sorry : être désolé
- to re'gret : regretter
- to a'pologise : s'excuser
- a'pologies : des excuses
- to for'give* : pardonner
- unfortunately /ʌn'fɔːtʃənətli/ : malheureusement
- It's a 'pity! C'est dommage !

I'm really sorry. I'd like to apologise and tell you how much I regret it. I hope you'll forgive me. Unfortunately, you don't want to listen to me…

Je suis vraiment désolé. J'aimerais m'excuser et te dire combien je regrette. J'espère que tu me pardonneras. Malheureusement, tu ne veux pas m'écouter…

CAREFUL!

To wish exprime un **souhait** avec un présent mais il exprime un **regret** avec un prétérit (▶ 22) tout comme *if only*.

- I wish I can succeed.
  Je souhaite pouvoir réussir.
- I wish you were with me now.
  Je regrette que tu ne sois pas avec moi maintenant.

190 Sur'prise (la surprise)

- sur'prised /aɪ/ : surpris
- sur'prising /aɪ/ : surprenant
- unex'pected : inattendu
- unbe'lievable : incroyable
- 'shocking : révoltant
- a'mazing /eɪ/ : stupéfiant
- amazed : stupéfait
- re'lieved : soulagé
- relief /ri'li:f/ : le soulagement

"Wow! This film was a real surprise! The main actor is unbelievable and the end is really unexpected!" "True, and the special effects were just amazing!"

« Waouh ! Ce film, c'était vraiment une surprise ! L'acteur principal est incroyable et la fin est vraiment inattendue ! – C'est vrai, et les effets spéciaux étaient tout simplement stupéfiants ! »

CAREFUL!

Surprised, *amazed* et *relieved* sont des adjectifs (▶ 123) formés sur des participes passés (sens passif) alors que *surprising*, *amazing* et *shocking* sont des adjectifs formés sur des participes présents (sens actif).

Training

1 Classe ces verbes et expressions en allant de ce que tu aimes le plus (♡) à ce que tu aimes le moins (✗).

I can't stand – I'm interested (in) – I'm fond (of) – I love
I hate – I don't mind.

♡ … … … … … … ✗

2 Coche ce que tu NE peux PAS dire dans les situations suivantes.

1. Si tu aimes beaucoup le R'n'B :

- ☐ I'm crazy about R'n'B.
- ☐ I'm very fond of R'n'B.
- ☐ I'm really keen on R'n'B.
- ☐ I don't care about R'n'B.

2. Si tu es content de rencontrer quelqu'un :

- ☐ I'm glad to meet you.
- ☐ I'm delighted to see you.
- ☐ Pleased to meet you.
- ☐ I'm disappointed to see you.

3. Si tu te sens triste :

- ☐ I'm very sad.
- ☐ I feel like crying.
- ☐ I'm cheerful.
- ☐ I feel miserable.

4. Si tu as peur de quelque chose :

- ☐ I'm afraid of this.
- ☐ I'm frightened.
- ☐ I'm scared.
- ☐ I'm dreadful.

5. Si tu es en colère contre quelqu'un :

- ☐ I'm angry with you.
- ☐ I'm fed up with you.
- ☐ You're really fearful.
- ☐ You're getting on my nerves.

6. Si tu es surpris :

- ☐ I'm so surprised!
- ☐ I'm so relieved!
- ☐ It's unbelievable!
- ☐ How amazing!

1 ♡ I love – I'm fond (of) – I'm interested (in) – I don't mind – I can't stand – I hate ✗

2 1. I don't care about R'n'B. 2. I'm disappointed to see you. 3. I'm cheerful. 4. I'm dreadful. 5. You're really fearful. 6. I'm so relieved!

Saluer, se présenter, inviter

A friend in need is a friend indeed.

[Un ami, quand on est dans le besoin, est vraiment un ami.]
Prov. : C'est dans le besoin que l'on reconnaît ses amis.

191 Greetings (les salutations)

- Hello! /hə'ləʊ/ Bonjour !
- Hi! /haɪ/ Salut ! Bonjour !
- Good 'morning! Bonjour ! [avant midi]
- Good after'noon! Bonjour ! [après midi]
- Good 'evening! Bonsoir !
- Good night! Bonne nuit !
- Nice / Glad / Pleased /pli:zd/ to meet you!
  Ravi de vous/te rencontrer !
- 'Welcome (to)… Bienvenue (à/en)…
- Good'bye! Bye! Au revoir !
- See you soon! À bientôt !
- See you later! À plus tard !
- See you on Monday/on Tuesday… À lundi… / À mardi…
- Say hello to X from me… Dis bonjour à X de ma part…
- Give my love to X… Mes amitiés à X…

"Good morning Mrs Smith, nice to meet you!" "Hello, Tom, I'm pleased to meet you too. Welcome to England!"
« Bonjour, Mme Smith, enchanté de faire votre connaissance. – Bonjour, Tom, je suis ravie de te rencontrer moi aussi. Bienvenue en Angleterre ! »

192 Introductions (les présentations)

- My name is…, I am… Je m'appelle…
- This is…, Here is… Voici…
- to meet* : rencontrer, faire la connaissance de
- Have you met X? Avez-vous fait la connaissance de X ?
- I'd like you to meet X. J'aimerais vous/te présenter X.
- to introduce /ɪntrəˈdjuːs/ : présenter
- May I introduce you to X? Puis-je vous/te présenter X ?

Décrire quelqu'un ▶ 170-177

Hello, my name is Mrs Johnson, I'm your English teacher, and this is Jane, our English assistant. I'd also like you to meet Deborah, a new pupil.
Bonjour, je m'appelle Mme Johnson, je suis votre professeur d'anglais, et voici Jane, notre assistante d'anglais. J'aimerais aussi vous présenter Deborah, une nouvelle élève.

193 Polite words (les politesses)

- Please /iː/ . . . S'il vous plaît… S'il te plaît…
- Excuse me . . . Pardon… Excuse(z)-moi…
- Pardon? /ˈpɑːdn/ Pardon ?
- "How are you?" "Very well, thank you."
  « Comment ça va ? – Très bien, merci. »
- Thank /θæŋk/ you very much! Thanks a lot!
  Merci beaucoup.

- You're 'welcome! De rien !
- Don't mention it. Je vous en prie. Je t'en prie.
- Would you mind /maɪnd/ (+ V-ing)?
  Cela vous/te dérangerait-il de (+ V) ?

@)) "Excuse me, sir, could you help me with my exercise, please? Would you mind explaining this again?" "All right, I'm coming." "Thank you."

« Excusez-moi, monsieur, vous pourriez m'aider à faire mon exercice, s'il vous plaît ? Est-ce que ça vous dérangerait de ré-expliquer ? – D'accord, j'arrive. – Merci. »

CAREFUL!

Pour demander poliment à quelqu'un de faire quelque chose, on peut utiliser *may* (▸49) ou *could* (▸46) qui sont plus polis que *can*.

- **Could you** help me with my exercise, **please**?

Les excuses

• *Excuse me* s'emploie souvent en début de phrase pour interpeller quelqu'un avant de poser une question :
Excuse me, can you tell me the way to the station, please?
« Pardon, pouvez-vous m'indiquer le chemin de la gare, s'il vous plaît ? »

• Quand on veut présenter des excuses à quelqu'un, on dit : *I'm sorry.*

194 Invitations /ɪnvɪ'teɪʃnz/ (les invitations)

- to in'vite /aɪ/ : inviter
- to socialize /'səʊʃəlaɪz/ : rencontrer, discuter
- a friend /frend/ : un ami
- to come* over for dinner/lunch/tea : venir dîner/déjeuner/goûter
- to come* in : entrer
- to sit* down, to have* a seat : s'asseoir
- to make* oneself comfortable /'kʌmfətəbl/ : se mettre à l'aise
- to bring* /brɪŋ/ sth : apporter qqch.
- Would you like to (+ V)? Voudrais-tu/Voudriez-vous (+ V) ?
- Sure! /ʃʊə/ Bien sûr !
- All right! OK! D'accord !
- Great! /eɪ/ Super !
- I'd love to : j'aimerais beaucoup
- to be* sorry : être désolé, regretter
- to be* busy /'bɪzi/ : être occupé
- to 'celebrate : fêter, faire la fête
- a 'party : une fête
- an anni'versary : un anniversaire [commémoration]
- a birthday /'bɜːθdeɪ/ : un anniversaire [celui d'une personne]
- graduation /grædʒu'eɪʃn/ : la remise des diplômes [cérémonie]
- to graduate : obtenir un diplôme
- a date : une date, un rendez-vous [souvent amoureux]
- a 'family 'gathering : une réunion de famille

Parler de sa famille ▶ 178-182
Fêtes et traditions ▶ 298-306

CAREFUL!

Pour suggérer, faire une proposition, on peut utiliser *what about* ou *how about* + V-*ing* («et si on + imparfait») ou *would you like to* + V.

- "Would you like to go to the cinema with me tonight?" "Well, I'd love to, but I'm busy tonight. What about going tomorrow?"
  « Tu voudrais aller au cinéma avec moi ce soir ? – Eh bien, j'aimerais beaucoup, mais je suis prise ce soir. Et si on y allait demain ? »

For my 15th birthday, I'd like to have a big party at home with all my friends, but my parents don't want me to. They say we'll celebrate when I graduate!

Pour mes 15 ans, j'aimerais organiser une grande fête à la maison avec tous mes amis, mais mes parents ne veulent pas. Ils disent qu'on fera la fête quand j'aurai mon bac !

195 Wishes (les souhaits)

- (God) bless you! À vos/tes souhaits ! [quand on éternue]
- Cheers! /ɪə/ À votre/ta santé ! [en trinquant]
- Good luck! /ʌ/ Bonne chance !
- Best wishes! Meilleurs voeux !
- Congratulations! /kəngrætjuˈleɪʃnz/ Félicitations !
- Get well soon! Bon rétablissement !
- Have* a nice day! Bonne journée !
- Happy New Year! Bonne année !

Fêtes et traditions ▶ 298-306

Training

1 Quelle est la traduction qui convient ? Coche la bonne réponse.

1. Ravi de vous rencontrer !
- ☐ Have a nice day!
- ☐ Nice to meet you!
- ☐ You are welcome!

2. À tes souhaits !
- ☐ Bless you!
- ☐ Best wishes!
- ☐ Cheers!

3. fêter (un événement)
- ☐ to graduate
- ☐ to celebrate
- ☐ to meet

4. un anniversaire de mariage
- ☐ a wedding party
- ☐ a wedding birthday
- ☐ a wedding anniversary

5. Merci beaucoup !
- ☐ Thank you!
- ☐ Thanks lots of times!
- ☐ Thanks a lot!

6. À bientôt !
- ☐ See you soon!
- ☐ Get well soon!
- ☐ Good luck!

2 Raye l'intrus dans chaque liste.

1. Hello! – Hi! – Good morning! – Congratulations!

2. Goodbye! – Bye! – See you! – Welcome!

3. Sorry! – Sure! – All right! – Great!

4. May I introduce you to Alex? – I'd like you to meet Alex. – Glad to meet you, Alex. – Have you met Alex?

5. Would you like to come over for dinner? – What about coming over for dinner? – May I come over for dinner?

1 1. Nice to meet you! 2. Bless you! 3. to celebrate 4. a wedding anniversary 5. Thanks a lot! 6. See you soon!

2 1. Congratulations! (Seul mot que l'on ne peut pas utiliser pour dire « bonjour ».)
2. Welcome! (Seul mot que l'on ne peut pas utiliser pour dire « au revoir ».)
3. Sorry! (Seul mot que l'on ne peut pas utiliser pour accepter une invitation.)
4. Glad to meet you, Alex. (Dans les autres cas, on présente Alex à quelqu'un.)
5. May I come over for dinner? (Ici, c'est toi qui t'invites pour le dîner !)

À la maison

An Englishman's home is his castle.
[La maison d'un Anglais est son château.] Prov. : Chacun est maître chez soi.

196 Moving in (s'installer)

- a house : une maison
- a flat (GB), an a'partment (US) : un appartement
- a block of flats (GB), an apartment building (US) : un immeuble résidentiel
- to live /ɪ/ : habiter
- to move : déménager
- to own : posséder
- the owner : le propriétaire
- to rent : louer
- a tenant : un locataire

- to build* /'bɪld/ : construire
- to renovate : rénover
- to repair : réparer
- to paint : peindre

When my parents decided to buy a house, we were scared because we would have to move. They eventually had a house built, because they didn't want to renovate one.

Quand mes parents ont décidé d'acheter une maison, on avait peur parce qu'on allait devoir déménager. Finalement, ils ont fait construire une maison, parce qu'ils ne voulaient pas en rénover une.

197 **An English house** (une maison anglaise)

- a fence : une clôture
- a gate : un portail
- a porch : un porche
- a door : une porte
- a window : une fenêtre
- a sash window : une fenêtre à guillotine
- the roof : le toit
- the attic : le grenier
- a chimney : une cheminée [conduit]
- the floor /ɔː/, the ground : le sol
- the ground floor : le rez-de-chaussée
- the stairs : l'escalier
- to go* upstairs : monter [à l'étage au-dessus]
- to go* downstairs : descendre [à l'étage en-dessous]
- a step : une marche
- the cellar : la cave
- the basement : le sous-sol
- the garage /ˈgærɑːʒ/ : le garage
- the garden : le jardin
- the lawn /ɔː/ : la pelouse
- to water : arroser
- a 'flowerbed : un parterre
- the 'greenhouse : la serre
- the kitchen garden : le jardin potager

LES MAISONS VICTORIENNES

Les maisons victoriennes sont individuelles *(detached)*, mitoyennes d'un côté *(semi-detached)* ou des deux côtés *(terraced)*. Au rez-de-chaussée *(ground floor)*, généralement un peu au-dessus du niveau de la rue, on trouve les pièces à vivre, tandis qu'au premier étage *(first floor)*, on trouve les chambres et la salle de bains. À noter : en anglais américain, *first floor* désigne le rez-de-chaussée !

a detached house

semi-detached houses

terraced houses

A typical Victorian house, built during Queen Victoria's reign, usually has a porch, a bay window, a basement with a cellar to store coal, and sash windows.

Une maison victorienne typique, construite pendant le règne de la reine Victoria, comprend généralement un porche, une fenêtre en saillie, un sous-sol avec une cave pour stocker le charbon, et des fenêtres à guillotine.

198 **Living and dining rooms** (séjour et salle à manger)

- furniture /ˈfɜːnɪtʃə/ (indén.) : les meubles
- a curtain /ˈkɜːtn/ : un rideau
- a carpet : un tapis
- fitted carpet : la moquette
- a heater : un radiateur
- a fireplace : une cheminée
- a fire : un feu
- a log : une bûche
- the settee, the sofa : le canapé
- cosy : douillet
- 'comfortable : confortable
- a chair : une chaise
- a stool : un tabouret
- a bench : un banc
- to sit* : être assis
- a table : une table
- the cupboard /ˈkʌbəd/ : l'armoire, le placard
- the sideboard : le buffet
- a lamp : une lampe
- a bulb : une ampoule
- to switch (the light) on : allumer (la lumière)
- to switch (the light) off : éteindre (la lumière)
- the television set : la télévision
- a remote control : une télécommande
- to work : marcher, faire marcher

@)) For me, the living room is the most comfortable room in my house: it's very cosy. I love watching TV on the settee.

Pour moi, le salon est la pièce la plus confortable de la maison : c'est très douillet. J'adore regarder la télé dans le canapé.

199 The kitchen (la cuisine)

- the freezer : le congélateur
- the fridge : le réfrigérateur
- the kitchen sink : l'évier
- the cooker : la cuisinière
- the oven : le four
- the microwave oven : le four à micro-ondes
- the dishwasher : le lave-vaisselle
- the washing machine : le lave-linge
- a sponge : une éponge
- a broom : un balai
- a duster : un chiffon

Dans la vie de tous les jours ▶ 210-215
À table ▶ 216-224

200 The bedroom (la chambre)

- a bed : un lit
- a sheet : un drap
- a blanket : une couverture
- a bedside table : une table de chevet
- a bookcase : une bibliothèque
- a wardrobe : une armoire
- a chest of drawers : une commode
- a drawer : un tiroir
- a desk : un bureau
- a shelf (pl. shelves) : une étagère
- a mirror : une glace

@)) My parents have decided to redecorate my bedroom. They have bought a new bedside table, a chest of drawers and a wardrobe. I'm so excited!

Mes parents ont décidé de refaire ma chambre. Ils m'ont acheté une nouvelle table de chevet, une commode et une armoire. Je suis tellement content !

201 The bathroom (la salle de bains)

- the basin /ˈbeɪsn/ : le lavabo
- the shower /ʃaʊə/ : la douche
- a bath : un bain, une baignoire
- soap : du savon
- shampoo : du shampooing
- a towel /taʊəl/ : une serviette
- a toothbrush : une brosse à dents
- toothpaste : du dentifrice
- to brush one's teeth : se brosser les dents
- a comb /kəʊm/ : un peigne
- a brush : une brosse
- wet : mouillé
- dry : sec
- to dry : sécher

Dans la vie de tous les jours ▶ 210-215

@)) "Did you take your shower?" "Yes, mummy! And I even used soap and shampoo! And I put my towel to dry!"

« Tu as pris ta douche ? – Oui, maman. J'ai même utilisé du savon et du shampooing ! Et j'ai mis ma serviette à sécher ! »

Training

1 Associe chaque mot à son contraire.

1. downstairs ≠ ...
2. the attic ≠ ...
3. wet ≠ ...
4. to switch on ≠ ...
5. to own ≠ ...

2 Complète avec le mot qui convient.

1. You wash the dishes with a ...
2. You wash sheets and blankets with a ...
3. You wipe dust with a ...
4. You cook a pie in an ...

1 1. downstairs ≠ upstairs 2. the attic ≠ the cellar 3. wet ≠ dry 4. to switch on ≠ to switch off 5. to own ≠ to rent

2 1. a dishwasher, a sponge 2. a washing machine 3. a duster 4. an oven

À l'école

Practice makes perfect.

[La pratique rend parfait.] Prov. : C'est en forgeant qu'on devient forgeron.

202 **School systems** (les systèmes scolaires)

In France		In Great Britain		In the USA	
PS	École maternelle		Nursery school		Pre-school
MS					Pre-kindergarten
GS		Year 1	Primary school		Kindergarten
CP	École primaire	Year 2		1st grade	Elementary school
CE1		Year 3		2nd grade	
CE2		Year 4		3rd grade	
CM1		Year 5		4th grade	
CM2		Year 6		5th grade	
6e	Collège À 15 ans : brevet des collèges	Year 7	Comprehensive school	6th grade	Junior high school
5e		Year 8		7th grade	
4e		Year 9		8th grade	
3e		Year 10		9th grade	
2de	Lycée À 18 ans : baccalauréat	Year 11	At 16 : GCSE	10th grade	Senior high school
1re		6th form	At 18 : A levels	11th grade	At 18 : high school diploma
Term				12th grade	

L'ÉCOLE BRITANNIQUE

En Grande-Bretagne, les élèves portent des uniformes aux couleurs de leur école, avec leur blason. Il n'y a pas de CPE ; c'est souvent le « vice-principal » qui s'occupe des problèmes de vie scolaire. Les tâches de surveillance sont souvent prises en charge par les professeurs ou par des élèves plus âgés (les *prefects*). Le matin, une grande réunion (*assembly*) a lieu : tous les élèves reçoivent des recommandations pour la journée. Peu d'écoles sont équipées de cantine ; la plupart des écoliers apportent leur sandwich dans des boîtes spéciales (*lunch boxes*).

203 **Staff and rooms** (le personnel et les locaux)

- the head(master/mistress) : le principal, le proviseur
- the deputy head : le principal adjoint, le proviseur adjoint
- a teacher : un professeur
- to teach* : enseigner
- to ex'plain : expliquer
- to train : former
- the (school) li'brarian : le documentaliste
- the school nurse /nɜːs/ : l'infirmier scolaire
- the careers /kəˈrɪəz/ adviser : le conseiller d'orientation
- a social worker : un(e) assistant(e) social(e)
- the staff room : la salle des profs
- a 'classroom : une salle de classe
- the 'corridor : le couloir
- the 'schoolyard : la cour (de récréation)
- the lab, the la'boratory : le laboratoire
- the gym'nasium : le gymnase
- the can'teen : la cantine
- the 'sickroom : l'infirmerie
- a boarding school : un internat

@)) There aren't just pupils and teachers in a school. Here, we have a headmaster and a deputy head. The school nurse and the careers adviser are with us once a week only.

Il n'y a pas seulement des élèves et des professeurs dans une école. Ici, nous avons un principal et un principal adjoint. L'infirmière scolaire et la conseillère d'orientation ne sont avec nous qu'une fois par semaine.

204 The 'timetable (l'emploi du temps)

- a period : une heure de cours
- a 'subject : une matière [scolaire]
- science /'saɪəns/ : la science
- mathe'matics, maths : les maths
- chemistry /'ke/ : la chimie
- biology /baɪ'ɒlədʒi/ : la biologie, les SVT
- 'history : l'histoire
- languages /'læŋgwɪdʒɪz/ : les langues
- 'English : l'anglais
- French : le français
- P.E. /piː 'iː/ ('Physical Edu'cation) : l'EPS
- R.E. (Religious Education) : l'éducation religieuse
- com'puter science, computing : l'informatique
- the break : la récréation
- the bell : la sonnerie

@)) In my timetable, there are scientific subjects, like maths, chemistry or biology, but there are also languages: I learn English and Spanish. But of course, I study French too!

Dans mon emploi du temps, il y a des matières scientifiques, comme les maths, la chimie ou la biologie, mais il y a aussi les langues : j'apprends l'anglais et l'espagnol. Mais bien entendu, j'étudie aussi le français !

205 School ma'terials (les fournitures scolaires)

- a 'schoolbag : un cartable
- a textbook : un manuel
- a binder /aɪ/ : un classeur
- a 'copybook : un cahier
- a diary /ˈdaɪəri/ : un agenda
- a highlighter /ˈhaɪlaɪtə/ : un surligneur
- to stick* : coller
- chalk /tʃɔːk/ : de la craie
- the (black)board /bɔːd/ : le tableau (noir)

1. a 'pencil case : une trousse
2. a pen : un stylo
3. a pencil /ˈpensəl/ : un crayon
4. a marker /ˈmɑːkə/, a felt pen : un marqueur, un feutre
5. a ruler : une règle
6. a rubber (GB), an e'raser (US) : une gomme
7. glue /gluː/ : de la colle
8. scissors /ˈsɪzəz/ : des ciseaux
9. a calculator : une calculatrice

"What do you have in your schoolbag?" "Well, I have my books, my copybooks, my diary, and a pencil case with all my materials."

« Qu'est-ce que tu as dans ton cartable ? – Eh bien, j'ai mes livres, mes cahiers, mon agenda et une trousse avec tout mon matériel. »

206 The lessons (les cours)

- a pupil /'pju:pəl/, a student (US) : un élève
- to 'study : étudier
- to learn* /ɜ:/ : apprendre
- to under'stand* : comprendre
- to know* : savoir, connaître
- a class : un cours [matière]
- a 'lesson, a 'period : un cours [une heure de cours]
- a form (GB), a grade (US) : une classe [niveau]
- 'easy /i:/ : facile
- 'difficult : difficile
- 'interesting : intéressant
- 'boring : ennuyeux
- to speak* : parler
- to listen (to) : écouter
- to read* : lire
- to write* : écrire
- to ask : poser une question
- to answer /'ɑ:nsə/ : répondre
- to think* : réfléchir
- to re'member : se souvenir
- to for'get* : oublier
- to work : travailler
- hardworking : travailleur
- to pay* attention : faire attention
- to 'follow : suivre
- to try : essayer

207 Schoolwork (le travail scolaire)

- 'homework (indén.) : des devoirs
- a (homework) assignment : un devoir [maison]
- to do* one's homework : faire ses devoirs
- an 'exercise /aɪ/ : un exercice
- a paper : un devoir
- a presen'tation : un exposé
- a test : un devoir sur table
- a mark /mɑ:k/ (GB), a grade (US) : une note
- the average /'ævərɪdʒ/ : la moyenne
- to be* good at : être bon en
- to be* bad at : être mauvais en
- a (school) re'port : un bulletin scolaire
- to pass an exam : réussir un examen
- to succeed : réussir
- to fail /eɪ/ : échouer
- to re'peat : redoubler

@)) "Oh no! I got my report for this term! My marks are bad, the average is seven out of twenty! If I fail this year, I will not get my diploma!"

« Oh non ! J'ai eu mon bulletin pour ce trimestre ! Mes notes sont mauvaises, ma moyenne est de 7/20. Si j'échoue cette année, je n'aurai pas mon diplôme ! »

CAREFUL!

Homework est indénombrable (▸74) ! On ne met donc jamais de *-s* !

- We have plenty of homework.
  On a plein de devoirs.

208 Instructions (les consignes)

- a word /wɜːd/ : un mot
- a 'sentence : une phrase
- a phrase : une expression
- to cross out : barrer
- to re'peat : répéter
- to under'line : souligner
- to pick : choisir, relever
- to match : associer
- to quote /kwəʊt/ : citer
- to tick : cocher
- to fill in : remplir
- to cor'rect : corriger
- a mis'take : une erreur
- the spelling : l'orthographe
- to spell : épeler
- a trans'lation : une traduction
- to trans'late : traduire
- a 'dictionary /'dɪkʃənri/ : un dictionnaire

@)) In the first paragraph, underline the name of the character. Then pick the word that he or she pronounces, and translate it. You can use a dictionary.

Dans le premier paragraphe, souligne le nom du personnage. Puis relève le mot qu'il ou elle prononce, et traduis-le. Tu peux utiliser un dictionnaire.

209 Behaviour /bi'heɪvjə/ (le comportement)

- to be* late : être en retard
- to oversleep* : se réveiller trop tard
- to miss the bus : rater le bus
- to listen (to sb) : écouter (qqn)
- to follow : suivre
- hardworking : travailleur
- to cheat /tʃiːt/ : tricher
- to chat /tʃæt/ : bavarder
- to bully /'bʊli/ : maltraiter
- a bully : un petit tyran
- bad, naughty /'nɔːti/ : méchant
- talkative /'tɔːkətɪv/ : bavard
- rude : grossier

Training

1 Traduis les mots suivants.

1. la récréation : ... **3.** un cahier : ... **5.** une matière : ...
2. écouter : ... **4.** l'emploi du temps : ... **6.** les devoirs : ...

2 Écris les mots suivants en toutes lettres puis relie chacun à sa traduction.

1. /bi'heɪvjə/ : ...	☐ moyenne
2. /feɪl/ : ...	☐ note
3. /'daɪəri/ : ...	☐ craie
4. /mɑːk/ : ...	☐ comportement
5. /'mɑːkə/ : ...	☐ bavarder
6. /tʃɔːk/ : ...	☐ feutre
7. /tʃæt/ : ...	☐ agenda
8. /'ævərɪdʒ/ : ...	☐ échouer

1 1. the break 2. to listen (to sb) 3. a copybook 4. the timetable 5. a subject 6. the homework

2 1. /bi'heɪvjə/ : behaviour (comportement) 2. /feɪl/ : fail (échouer) 3. /'daɪəri/ : diary (agenda) 4. /mɑːk/ : mark (note) 5. /'mɑːkə/ : marker (feutre) 6. /tʃɔːk/ : chalk (craie) 7. /tʃæt/ : chat (bavarder) 8. /'ævərɪdʒ/ : average (moyenne)

Dans la vie de tous les jours

Don't put off till tomorrow what you can do today.

Prov. : Ne remets jamais au lendemain ce que tu peux faire le jour même.

210 In the morning (le matin)

- routine : ce qu'on fait tous les jours
- to wake* /eɪ/ up : se réveiller
- to get* up : se lever
- to have* breakfast : prendre le petit déjeuner
- to have* a shower /ˈʃaʊə/ : prendre une douche
- to wash : (se) laver
- to brush /brʌʃ/ one's teeth /iː/ : se brosser les dents
- to shave : se raser
- to put* on one's clothes /kləʊðz/ : mettre ses vêtements
- to get* dressed : s'habiller
- to comb /kəʊm/ one's hair : se peigner, se coiffer
- to leave* /iː/ home : quitter la maison
- to go* to school : aller à l'école
- to walk /wɔːk/ : aller à pied
- to run* : courir
- to take* the bus/the train: prendre le bus/le train
- to take* the underground (GB)/the subway (US) : prendre le métro

@)) On schooldays, I get up at 6:30 a.m. First, I have a shower and get dressed. After breakfast, I brush my teeth, comb my hair and I leave home at 7:35 because I take the bus at 7:40.

Les jours d'école, je me lève à 6h30. D'abord, je prends une douche et je m'habille. Après le petit déjeuner, je me brosse les dents, je me coiffe et je quitte la maison à 7h35 car je prends le bus à 7h40.

CAREFUL!

Lorsque l'on parle de ce qu'on fait tous les jours et de ses habitudes actuelles, on utilise le présent simple (▸ 13).

211 At school (à l'école)

- to get* to school : arriver à l'école
- to be* late : être en retard
- to be* on time : être à l'heure
- to be* early : être en avance
- to have* a lesson/a class : avoir un cours
- to have* lunch : déjeuner
- to get*(back) home : rentrer à la maison

À l'école ▸ 202-209

@)) I always get to school on time, because I hate being late. I work from 8 to 12, then I have lunch in the canteen.

J'arrive toujours à l'école à l'heure parce que je déteste être en retard. Je travaille de 8 h à midi, puis je déjeune à la cantine.

212 After school (après l'école)

- to have* tea : prendre le thé, goûter
- to do* one's 'homework : faire ses devoirs
- to complete /kəm'pliːt/ one's 'homework : finir ses devoirs
- to learn* /ɜː/ : apprendre
- extracurricular activities : les activités extra-scolaires
- the drama club : le club-théâtre
- outings : les sorties
- to watch 'television : regarder la télévision
- to play : jouer
- a 'mobile phone (GB), a cell phone (US) : un téléphone portable
- to phone : téléphoner
- a text (message) : un texto, un SMS
- to text : envoyer des SMS
- to look after : s'occuper de
- to take* care of : prendre soin de
- to go* out : sortir
- to hang* about with friends : traîner avec des copains

"Stop playing with your mobile phone!" "I'm not playing, Mum, I'm sending Alice a text." "But you haven't completed your homework yet! You must work now!"

« Arrête de jouer avec ton téléphone portable ! – Je ne joue pas, maman, j'envoie un texto à Alice. – Mais tu n'as pas encore fini tes devoirs ! Tu dois travailler maintenant ! »

UNE VIE APRÈS L'ÉCOLE

Dans la plupart des pays anglo-saxons, l'école se termine plus tôt qu'en France. Le reste de l'après-midi peut donc être consacré à d'autres activités : *extracurricular activities* (club informatique, théâtre, chorale...) ou encore petits boulots (*odd jobs*) pour gagner un peu d'argent de poche (▸ 257).

213 Later in the evening (plus tard le soir)

- to have* dinner : dîner
- to undress : se déshabiller
- py'jamas (pl.) : un pyjama
- to have* a wash : faire sa toilette
- to go* to bed : aller au lit
- to read* a story : lire une histoire
- to fall* /fɔːl/ asleep : s'endormir
- to sleep* : dormir

214 Doing the housework (faire le ménage)

- to tidy (up) : ranger, faire du rangement
- tidy /'taɪdi/ : rangé, soigné
- 'messy : en désordre
- to make* one's bed : faire son lit
- to hoover (GB), to vacuum /'vækjuːm/ : passer l'aspirateur
- to clean /iː/ : nettoyer
- to set* the table : mettre la table
- to clear the table : débarrasser la table
- to do* the washing-up (GB) / the dishes (US) : faire la vaisselle
- to do* the cooking : faire la cuisine
- to do* the shopping : faire les courses
- to take* the bin/the trash out : sortir la poubelle
- to empty : vider
- to wipe /aɪ/ : essuyer
- to sweep* : balayer
- to dust : épousseter
- to iron /'aɪən/ (clothes) : repasser (des vêtements)

À la maison ▶ 196-201

In my family, we all do the housework. We all have to make our beds and tidy our rooms. I set the table and my brother clears it. Dad hoovers and Mum irons our clothes.

Dans ma famille, nous faisons tous le ménage. Nous devons tous faire notre lit et ranger notre chambre. C'est moi qui mets la table et mon frère qui la débarrasse. Papa passe l'aspirateur et Maman repasse nos vêtements.

CAREFUL!

Lorsqu'on évoque les corvées, on est souvent amené à exprimer l'obligation avec *must* et *have to* (▸ 53-55) ou la contrainte avec *to make sb do sth* (▸ 135).

215 As the week goes by (au fil de la semaine)

- always /ˈɔːlweɪz/ : toujours
- ˈusually /ˈjuːʒuəli/ : habituellement
- often /ˈɒfn/, /ˈɒftən/ : souvent
- ˈsometimes : parfois
- seldom : rarement
- hardly ever : presque jamais
- never : jamais
- before : avant
- after : après
- every day : tous les jours
- every week : toutes les semaines
- in the morning : le matin
- in the afternoon : l'après-midi
- in the evening : le soir
- at night : le soir tard
- at the weekend : le week-end
- once /wʌns/ (a day . . .) : une fois (par jour…)
- twice /aɪ/ (a day . . .) : deux fois (par jour…)
- three times (a day . . .) : trois fois (par jour…)

On Saturdays, I always go to the swimming pool in the morning, and I usually watch TV in the afternoon. On Sundays, I often wake up very late. It's a pity weekends only happen once a week!

Le samedi, je vais toujours à la piscine le matin et, en général, je regarde la télé l'après-midi. Le dimanche, je me réveille souvent très tard. C'est dommage que les week-ends n'arrivent qu'une fois par semaine !

CAREFUL!

Pour demander tous les combien a lieu une action, on utilise l'interrogatif *how often?* (▸ 150). On répond avec des adverbes de fréquence qui se placent avant le verbe mais après *be* et après l'auxiliaire (▸ 166). On peut aussi utiliser *every* + nom singulier (▸ 102).

- I **always** go to the swimming pool in the morning.
- On Sundays, I **often** wake up very late.

Training

1 Voici le début de journée de Shirley.
Associe chaque image à ce qui la commente le mieux.

1. She walks to school.
2. She gets up 15 minutes later.
3. She has a shower.
4. She wakes up at 7:00 a.m.
5. She has breakfast.
6. She brushes her hair.
7. She brushes her teeth.
8. She does her homework.

a. ... **b.** ... **c.** ... **d.** ...

2 Comment dire en anglais...

1. Que tu t'es endormi tard hier ?

☐ I fell asleep late. ☐ I went to bed late. ☐ I slept late.

2. Que tu t'habilles après t'être douché ?

☐ I get dressed before having a shower.
☐ I have a shower before taking off my clothes.
☐ I get dressed after having a shower.

3. Que tu as cours de français une fois par jour ?

☐ I do my French homework once a day.
☐ I have a French class twice a day.
☐ I have a French class once a day.

4. Que tu dois toujours t'occuper de ton petit frère ?

☐ I always have to look after my little brother.
☐ I seldom have to take care of my little brother.
☐ I always hang about with my little brother.

5. Que tu dois vider la poubelle tous les soirs ?

☐ I have to take the bin out every day.
☐ I have to tidy the kitchen every evening.
☐ I have to empty the trash every evening.

1 a-4. b-2. c-3. d-5.

2 1. I fell asleep late. 2. I get dressed after having a shower. 3. I have a French class once a day. 4. I always have to look after my little brother. 5. I have to empty the trash every evening.

À table

You can't make an omelette without breaking eggs.

Prov. : On ne fait pas d'omelette sans casser des œufs.

216 Meat and fish (la viande et le poisson)

- mutton : le mouton
- lamb /læm/ : l'agneau
- beef : le bœuf
- veal : le veau
- pork : le porc
- ham : le jambon
- 'sausages : les saucisses
- 'poultry : la volaille
- chicken : le poulet
- turkey : la dinde
- eggs : les œufs
- 'salmon : le saumon
- cod : la morue, le cabillaud
- trout /traʊt/ : la truite
- tuna /'tjuːnə/ : le thon
- crab : le crabe
- a shrimp : une crevette
- seafood : les fruits de mer

Mutton ou sheep ?

Guillaume le Conquérant, qui venait de Normandie et parlait français, a envahi l'Angleterre en 1066. À la cour d'Angleterre, les nobles utilisaient donc le français pour désigner la viande qu'ils avaient les moyens de manger tandis que les paysans, descendants des Saxons, continuaient à utiliser des noms d'origine germanique. Ainsi *calf* désigne le veau vivant mais *veal* la viande de veau. De même pour *sheep* et *mutton*, *ox* et *beef*, *pig* et *pork*.

217 'Vegetables (les légumes)

- a po'tato : une pomme de terre
- mashed potatoes : de la purée
- chips (GB), fries (US) : des frites
- rice : du riz
- pasta : des pâtes
- lettuce /'letəs/ : de la salade verte
- a 'carrot : une carotte
- peas : des petits pois
- a 'pepper : un poivron
- a 'mushroom : un champignon
- corn : du maïs
- beans : des haricots
- French (GB)/green (US) beans : des haricots verts
- an onion : un oignon
- garlic : de l'ail

@)) Our neighbours have become vegetarians. They eat almost only green vegetables like peas or French beans. When they invite us for dinner, they often cook ratatouille, with aubergine, pepper and courgette, garlic and onion. I love it!

Nos voisins sont devenus végétariens. Ils mangent presque uniquement des légumes verts comme les petits pois ou les haricots verts. Quand ils nous invitent à dîner, ils font souvent de la ratatouille avec des aubergines, des poivrons et des courgettes, de l'ail et des oignons. J'adore ça !

218 Fruit (les fruits)

- an apple : une pomme
- a ba'nana : une banane
- a 'lemon : un citron
- an orange : une orange
- a grapefruit : un pamplemousse
- a peach : une pêche
- a pear /eə/ : une poire
- an 'apricot : un abricot
- a 'strawberry : une fraise
- a 'raspberry : une framboise
- a cherry : une cerise
- grapes /greɪps/ : du raisin
- a 'pineapple /'paɪnæpl/ : un ananas
- a to'mato : une tomate
- an avo'cado : un avocat

@)) A lot of berries grow in England: raspberries, gooseberries... But other fruit is imported: bananas, lemons, pineapples or avocados.

Beaucoup de baies poussent en Angleterre : les framboises, les groseilles à maquereau... Mais d'autres fruits sont importés : les bananes, les citrons, les ananas ou les avocats.

219 Snacks (les en-cas)

- to be* hungry : avoir faim
- junk food : la nourriture de mauvaise qualité / industrielle
- vending machines : les distributeurs
- bread /bred/ : du pain
- cheese : du fromage
- ice cream : de la glace
- a cake : un gâteau
- a pie /paɪ/ : une tourte, une tarte
- pancakes : des petites crêpes
- a waffle : une gaufre
- crisps (GB), chips (US) : des chips
- chocolate : du chocolat
- takeaway : à emporter
- 'balanced : équilibré
- fat : gras

CAREFUL!

Certains noms désignant la nourriture sont indénombrables (▶ 75-76). Pour désigner une portion, on ajoute un autre mot : *a slice of bread* (une tranche de pain), *a piece of cake* (une part de gâteau)...

Junk food is a problem for children nowadays: they like fizzy drinks, crisps, which they can get from vending machines, but their diet is not balanced.

La nourriture de mauvaise qualité est un problème pour les enfants, de nos jours : ils aiment les boissons gazeuses, les chips, qu'ils peuvent avoir dans des distributeurs, mais leur régime n'est pas équilibré.

220 Drinks (les boissons)

- to be* thirsty /'θɜːsti/ : avoir soif
- tea : du thé
- 'coffee : du café
- white coffee : du café au lait
- milk : du lait
- cream : de la crème
- water : de l'eau
- still water : de l'eau plate
- sparkling water : de l'eau pétillante
- orange juice : du jus d'orange
- fizzy drinks : les boissons gazeuses
- to fill : remplir

At the restaurant, meals usually do not include the drinks: you have to ask for still water or sparkling water if you don't want to die of thirst!

Au restaurant, les repas en général n'incluent pas la boisson : on doit demander de l'eau plate ou de l'eau pétillante si on ne veut pas mourir de soif !

LE THÉ

Beaucoup d'Anglais prennent du thé pour accompagner leur repas, assez rarement de l'eau. Le thé que l'on boit le matin (*morning tea*) n'est pas le même que celui de l'après-midi ! Dans certaines familles, on prend encore vers 18h le *high tea* qui tient lieu de dîner.

221 Cooking (cuisiner)

- sugar /'ʃʊgə/ : du sucre
- honey : du miel
- flour /aʊə/ : de la farine
- 'butter : du beurre
- oil : de l'huile
- vinegar : du vinaigre
- salt : le sel
- pepper : le poivre
- to 'season : assaisonner
- taste : le goût
- tasty : qui a du goût
- 'bitter : amer
- sweet : doux, sucré
- mild /aɪ/ : doux
- hot : épicé
- a flavour : un goût, un parfum
- a recipe /'resɪpi/ : une recette
- to cook : cuisiner, faire cuire
- a pan : une poêle
- a saucepan : une casserole
- to boil : bouillir
- to steam : cuire à la vapeur
- to fry : faire frire
- to stew /stjuː/ : faire mijoter
- to bake : faire cuire au four
- to roast : faire rôtir
- raw /rɔː/ : cru
- rare : saignant
- 'medium : à point
- well-done : bien cuit

@)) My parents like poultry, while my brother prefers red meat, particularly when it's rare. I can't stand it when it's raw.

Mes parents aiment la volaille, tandis que mon frère préfère la viande rouge, particulièrement quand elle est saignante. J'ai horreur de ça, quand c'est cru.

À la maison ▶ 196-201

Grammes ou *ounces* ?

Dans une recette anglaise, on trouve parfois les quantités notées en *ounces* (*oz*) ou en *pounds* (*lb*), même si le système métrique (grammes) prévaut de plus en plus en Grande-Bretagne.
1 *oz* = 28 g 349
1 *lb* = 16 *oz* = 453 g 592

222 Meals (les repas)

- to have* a meal : prendre un repas
- to eat* : manger
- to drink* : boire
- 'breakfast : le petit déjeuner
- lunch : le déjeuner
- 'dinner : le dîner
- 'supper : le souper
- to have* tea : prendre le goûter, le thé
- pudding (GB), a des'sert /di'zɜːt/ : du dessert, un dessert

@)) In England, you usually have a big breakfast, a light lunch and an early dinner.

En Angleterre, on prend généralement un copieux petit déjeuner, un déjeuner léger, et on dîne de bonne heure.

Le petit déjeuner anglais

On appelle *British breakfast* le traditionnel petit déjeuner salé : œufs au lard (*bacon and eggs*), saucisses (*sausages*) et haricots blancs à la sauce tomate (*baked beans*) le plus souvent. Par opposition, le *continental breakfast* est composé de café, de pain (*bread*) et de viennoiseries (*pastry*) accompagnées de jus d'orange (*orange juice*) et de confiture (*jam*).

223 Setting the table (mettre la table)

1. a spoon : une cuillère
2. a fork : une fourchette
3. a knife /naɪf/ : un couteau
4. a plate /eɪ/ : une assiette
5. a dish : un plat
6. a glass : un verre
7. a bottle : une bouteille
8. a cup : une tasse

- a 'napkin : une serviette
- a tablecloth : une nappe
- a 'saucer : une soucoupe
- a bowl /bəʊl/ : un bol, un saladier
- to put* /ʊ/ : poser
- to clear the table : débarrasser la table

@)) I hate it when I set the table, I always forget something: the plates, the forks or the knives… My mum insists that I should put the bread on a special dish. I don't see why.

Je déteste mettre la table, j'oublie toujours quelque chose : les assiettes, les fourchettes ou les couteaux… Ma mère insiste pour que je mette le pain sur un plat spécial. Je ne vois pas pourquoi.

Dans la vie de tous les jours ▶ 210-215

224 At the restaurant (au restaurant)

- a coffee shop : un salon de thé, un café-restaurant
- a 'customer : un client
- cui'sine : la cuisine [d'un pays]
- a chef : un chef
- to make a reser'vation : réserver
- the waiter : le serveur
- the waitress : la serveuse
- to serve : servir
- the menu /'menjuː/ : le menu
- today's special : le plat du jour
- a 'starter : une entrée
- a main course : un plat principal
- a side dish : une garniture, un accompagnement
- the children's menu : le menu enfant
- to order : commander
- the bill : l'addition

"Can I have the menu?... Thanks. What do you recommend?" "Oh I recommend our tuna." "What is the dish served with?" "It's served with peas and green beans. But you can also have chips as a side dish..."

« Puis-je avoir le menu ?... Merci. Que recommandez-vous ? – Eh bien je recommande notre thon. – Avec quoi ce plat est-il servi ? – Il est servi avec des petits pois et des haricots verts. Mais vous pouvez aussi prendre des frites comme garniture... »

DES MOTS DIFFÉRENTS...

Aux États-Unis, on dit...	En Grande-Bretagne, on dit...
eggplants	aubergines
zucchini	courgettes
chips	crisps
French fries	chips
dessert	pudding
cookies	biscuits
the check	the bill
restrooms	toilets

Training

1 Quel mot correspond à chacune de ces définitions ?

1. On pose une tasse dessus : **...**

2. Son métier est de servir les plats au restaurant : **...**

3. Il faut suivre ses instructions pour cuisiner un plat : **...**

4. C'est une tarte recouverte de pâte : **...**

5. Elle peut avoir trois ou quatre dents : **...**

2 Souligne dans chaque liste le mot qui désigne...

1. un ustensile de cuisine :
tablecloth – pan – napkin – water

2. un goût :
bitter – apple – boiled – well-done

3. un mode de cuisson de la viande :
waiter – rare – balanced – tasty

4. une partie d'un menu :
the bill – the shrimp – the bowl – the main course

5. quelqu'un qui travaille dans un restaurant :
a chef – a spoon – a customer – a starter

1 1. a saucer 2. the waiter 3. the recipe 4. a pie 5. a fork

2 1. pan 2. bitter 3. rare 4. the main course 5. a chef

La santé

Prov. : Une pomme chaque matin éloigne le médecin.

225 Symptoms (les symptômes)

- Ouch! /aʊtʃ/ Aïe !
- pain /peɪn/ : la douleur
- to suffer : souffrir
- to hurt* : faire mal
- to ache /eɪk/ : faire mal, avoir mal
- to 'vomit : vomir
- to have* a headache /'hedeɪk/ : avoir mal à la tête
- to have* a stomachache /'stʌməkeɪk/ : avoir mal au ventre
- to have* a toothache /'tuːθeɪk/ : avoir mal aux dents
- to have* a fever /'fiːvə/ : avoir de la fièvre
- to feel* dizzy : avoir la tête qui tourne
- to have* a sore throat /θrəʊt/ : avoir mal à la gorge
- to blow* one's nose : se moucher
- to have* a runny nose : avoir le nez qui coule
- to cough /kɒf/ : tousser
- to sneeze : éternuer
- a pimple, a spot : un bouton
- itchy : qui démange

@)) "What's the matter with you?" "Well, I cough and sneeze. I also have a sore throat, and a stomachache. And my arm hurts… Don't touch it! Ouch!"

« Qu'est-ce qui ne va pas ? – Eh bien, je tousse et j'éternue. J'ai aussi mal à la gorge et au ventre. Et mon bras me fait mal… Ne le touche pas ! Aïe ! »

226 Diseases /dɪˈziːzɪz/ (les maladies)

- an illness : une maladie
- ill : malade
- to be* sick : être malade, nauséeux
- a virus /ˈvaɪrəs/ : un virus
- a cold : un rhume
- (to catch*) the flu /uː/ : (attraper) la grippe
- 'asthma /ˈæsmə/ : l'asthme
- obesity : l'obésité
- 'cancer : le cancer
- AIDS /eɪdz/ : le SIDA
- the immune system : le système immunitaire
- disabled : handicapé
- deaf /def/ : sourd
- blind /blaɪnd/ : aveugle

LA GRIPPE

Flu est l'abréviation du mot italien *influenza*. On peut aussi utiliser le nom *influenza* en anglais, qui est plus recherché que *flu*. Des pandémies de grippe ont eu lieu récemment : en 2005, la grippe aviaire (*bird flu*), en 2009, la grippe porcine (*swine flu*).

227 At the 'doctor's (chez le médecin)

- an ap'pointment : un rendez-vous
- the 'surgery (GB), the office (US) : le cabinet médical
- the waiting room : la salle d'attente
- a GP /dʒiː 'piː/ (general practitioner) : un médecin généraliste
- the diagnosis /daɪəg'nəʊsɪs/ : le diagnostique
- to treat /triːt/ : soigner
- a treatment : un traitement
- a diet /daɪət/ : un régime
- to go* on a diet : se mettre au régime
- the dentist : le dentiste
- a tooth /tuːθ/ (pl. teeth) : une dent
- a 'cavity : une carie
- a filling : un plombage

@)) I hate going to the dentist's, even when I have a toothache and I need a filling for a cavity.

J'ai horreur d'aller chez le dentiste, même quand j'ai mal aux dents et que j'ai besoin d'un plombage pour une carie.

228 At the chemist's (à la pharmacie)

- a pres'cription : une ordonnance
- 'medicine (indén.), drugs : des médicaments
- a chemist /'kemɪst/ (GB), a 'pharmacist (US) : un pharmacien
- a chemist's (GB), a drugstore (US) : une pharmacie
- a syrup : un sirop
- pills : des cachets
- a vaccine /'væksiːn/ : un vaccin
- a syringe /sɪ'rɪndʒ/ : une seringue
- a plaster : un pansement
- ointment : de la pommade
- side effects : les effets secondaires

@)) My sister is sick, I had to go to the chemist's to buy some medicine. I bought some syrup, pills and ointment.

Ma sœur est malade, j'ai dû aller à la pharmacie acheter des médicaments. J'ai acheté du sirop, des cachets et de la pommade.

LES MÉDICAMENTS EN GRANDE-BRETAGNE

Le système de santé public en Grande-Bretagne (*National Health Service*) permet la quasi gratuité des soins. Pour obtenir des médicaments, on peut aller dans un magasin tel que *Boots* qui vend aussi des produits de beauté... Certains médicaments y sont en libre-service, mais pour obtenir ceux que votre médecin a prescrits, il faut s'adresser à un pharmacien au comptoir prévu à cet effet.

229 Bruises and blows (bleus et blessures)

- to have* a black eye /aɪ/ : avoir un œil au beurre noir
- to fall* (down) : tomber
- a sprain : une entorse
- a fracture : une fracture
- a plaster cast : un plâtre
- to be* in plaster : être dans le plâtre
- crutches : des béquilles
- to cut* oneself : se couper
- to bleed* : saigner
- aches /eɪks/ : des courbatures
- a bruise /bru:z/ : un bleu
- an injury : une blessure
- a wound /wu:nd/ : une plaie
- to burn* oneself : se brûler
- to break* : casser

Décrire quelqu'un ▶ 170-177

@)) My best friend broke his leg rollerblading. The X-ray confirmed the fracture: he was put in plaster and has now to walk with crutches.

Mon meilleur ami s'est cassé la jambe en faisant du roller. La radio a confirmé la fracture : on l'a plâtré et maintenant il doit marcher avec des béquilles.

CAREFUL!

En anglais, on utilise le déterminant possessif pour désigner les parties du corps quand en français on utilise le verbe pronominal et l'article défini !

- He sprained his shoulder.
  Il s'est foulé l'épaule.

230 At the 'hospital (à l'hôpital)

- an 'ambulance : une ambulance
- an e'mergency : une urgence
- the ER (Emergency Room) : les urgences
- a nurse : un infirmier
- a blood test : une prise de sang
- an in'jection, a shot : une piqûre
- to give an injection : faire une piqûre
- an X-ray : une radio
- 'surgery : la chirurgie
- the surgeon /'sɜːdʒən/ : le chirurgien
- the OR (Operation Room) : la salle d'opération

231 Recovering (se rétablir)

- to re'cover : se rétablir
- to heal /iː/ : guérir, cicatriser
- to cure : guérir
- health /e/ : la santé
- healthy : en bonne santé
- to be* on form : avoir la forme, être en forme

Training

1 Associe chaque phrase à sa traduction.

1. He is on form.	☐ Il a un bleu.
2. He is in plaster.	☐ Il a mal à la gorge.
3. He is sick.	☐ Il est en forme.
4. He has a bruise.	☐ Il est malade.
5. He has a toothache.	☐ Il est plâtré.
6. He has a sore throat.	☐ Il a mal aux dents.

2 Complète les phrases suivantes avec le mot qui convient.

1. When you have a problem with your **...** you must see a dentist.
2. If you feel **...** you must see a doctor.
3. To see the doctor, you must go to his **...** after asking for an **...** .
4. Once you get his or her **...**, you must buy the **...** at the chemist's.

1 1. He is on form. (Il est en forme.) 2. He is in plaster. (Il est plâtré.) 3. He is sick. (Il est malade.) 4. He has a bruise. (Il a un bleu.) 5. He has a toothache. (Il a mal aux dents.) 6. He has a sore throat. (Il a mal à la gorge.)

2 1. teeth 2. ill, sick 3. surgery, office – appointment 4. prescription – drugs, medicine

Les sports

«Qui est-ce qui rigole maintenant ?» [*to have a ball* : s'amuser comme un fou]

232 Team sports (les sports d'équipe)

- a stadium /'steɪdiəm/ : un stade
- a football ground, a football pitch (GB) : un terrain de foot
- a team /tiːm/ : une équipe
- practice /ɪ/, training : l'entraînement
- a coach : un entraîneur
- the changing room : les vestiaires
- to change, to get* changed : se changer
- shorts : un short
- a jersey : un maillot
- trainers (GB), sneakers (US) : des tennis, des baskets
- a ball /bɔːl/ : un ballon, une balle
- football (GB), soccer (US) : le football
- American football (GB), football (US) : le football américain
- 'rugby : le rugby
- cricket : le cricket
- a match : un match
- a goal : un but
- a 'goalkeeper : un gardien de but
- a referee /refə'riː/ : un arbitre
- to at'tack : attaquer

- to de'fend : défendre
- to kick : donner un coup de pied
- to score a goal /gəʊl/ : marquer un but
- extra time : les prolongations

FOOTBALL ET RUGBY

• Aux États-Unis, *football* désigne le « football américain » (qui se joue avec les mains) alors que *soccer* désigne le football qui se joue avec les pieds (et qui est bien moins populaire) !
• Les *All Blacks*, la célèbre équipe de rugby néo-zélandaise, commencent tous leurs matchs par le haka, un chant destiné à effrayer l'ennemi, inspiré d'une danse Maori (le peuple autochtone de la Nouvelle-Zélande).

Although we had trained a lot, the match was very tough. The team didn't score any goal, and the coach was really cross…

Malgré un entraînement intensif, le match a été très difficile. L'équipe n'a marqué aucun but, et l'entraîneur était vraiment fâché…

233 Indoor activities (les activités d'intérieur)

- gym'nastics : la gymnastique
- bodybuilding /'bɒdibɪldɪŋ/ : la musculation
- martial arts : les arts martiaux
- dancing : la danse
- ballet dancing : la danse classique
- swimming : la natation
- a swimming pool : une piscine
- a swimsuit : un maillot de bain
- the breaststroke /'breststrəʊk/ : la brasse
- the crawl : le crawl
- table tennis, ping-pong : le ping-pong
- squash /skwɒʃ/ : le squash

CAREFUL!

En anglais, pour désigner un sport, on peut employer le verbe auquel on ajoute *-ing* (▶ 139) : *swimming* (la natation), *dancing* (la danse).

234 **Outdoor activities** (les activités en extérieur)

- tennis : le tennis
- a court : un court
- a 'racket : une raquette
- a net : un filet
- hiking /aɪ/, trekking : la randonnée
- to go* for a hike /haɪk/ : faire une randonnée
- a (public) footpath : un sentier (public)
- to jog : faire du jogging
- a tracksuit : un survêtement
- to ride* /raɪd/ : monter (à cheval, à vélo)
- horse riding : l'équitation
- a bike /aɪ/ : un vélo
- to go* for a bike ride : faire une randonnée à vélo
- skiing : le ski
- the ice rink : la patinoire
- skating : le patinage
- ice hockey : le hockey sur glace
- a to'boggan : une luge

"Do you want to go hiking tomorrow, John?" "No, Dad, thanks. My friends and I are going for a bike ride. We have discovered a new footpath."

« Tu veux venir marcher demain, John ? – Non, papa, merci. Avec mes copains, on va faire une randonnée à vélo. On a trouvé un nouveau chemin. »

235 **Competition** (la compétition)

- to do* sport : faire du sport
- to practice /ɪ/ : s'entraîner
- a sportsman, a sportswoman (pl. -men/-women) : un sportif, une sportive
- an athlete /ˈæθliːt/ : un athlète
- a champion : un champion
- to compete /kəmˈpiːt/ : concourir
- a compeˈtition : un concours
- an event /ɪˈvent/ : une épreuve
- a contest /ˈkɒntest/ : une rencontre sportive
- to win* : gagner
- to beat*, to defeat : battre
- ˈvictory : la victoire
- a cup : une coupe
- to lose* /luːz/ : perdre
- defeat /dɪˈfiːt/ : la défaite
- the Olympic Games, the Oˈlympics : les Jeux olympiques
- gold : l'or
- silver : l'argent
- bronze : le bronze
- a ˈmedal : une médaille
- to break* a ˈrecord : battre un record

CAREFUL!

Quand on parle d'un sport, on n'utilise pas de déterminant (▸82) :
I play Ø football.

The Olympic Games take place every two years; athletes can compete and try to beat the other competitors. If they lose, sportsmen are disappointed!

Les Jeux olympiques ont lieu tous les deux ans ; les athlètes peuvent concourir et essayer de battre les autres concurrents. S'ils perdent, les sportifs sont déçus.

Training

1 Classe les mots suivants dans la colonne qui convient.

hiking – a coach – jogging – a court – horse riding – a stadium
a footpath – a runner – an athlete – a swimming pool

outdoor activities	places	people
…	…	…
…	…	…
…	…	…
	…	

2 Associe chaque mot à sa traduction. Trouve l'intrus et donne sa traduction.

1. a contest	☐ un but
2. an event	☐ un arbitre (au foot)
3. a referee	☐ un gardien de but
4. a goal	☐ une rencontre sportive
5. a goalkeeper	

L'intrus est … (traduction : …).

1

outdoor activities	places	people
hiking, jogging, horse riding	a court, a stadium, a footpath, a swimming pool	a coach, a runner, an athlete

2 1. a contest (une rencontre sportive)
3. a referee (un arbitre [au football])
4. a goal (un but)
5. a goal keeper (un gardien de but)
L'intrus est le 2. : **an event** (une épreuve).

Les loisirs

«Ils attendent leur heure.» [*the waiting game* : la stratégie de l'attente]

236 Playing (jouer)

- enter'tainment : le divertissement
- to have* fun : s'amuser
- a game : un jeu
- a board /bɔːd/ game : un jeu de société
- a (game) console : une console (de jeux)
- a control pad : une manette de jeux
- a toy : un jouet
- dice : des dés
- chess (indén.) : les échecs
- a jigsaw puzzle : un puzzle
- crosswords : des mots croisés
- marbles : des billes
- a kite /kaɪt/ : un cerf-volant
- cards : les cartes
- spade : pique
- heart : cœur
- diamond : carreau
- club : trèfle
- the rules /uː/ : les règles
- to follow : suivre

La communication ▶ 286-293

@)) When I was young, I used to play marbles and make jigsaw puzzles. Now, I love board games and chess, but it is difficult to follow the rules sometimes.

Quand j'étais jeune, je jouais aux billes et je faisais des puzzles. Maintenant j'adore les jeux de société et les échecs, mais c'est parfois difficile de suivre les règles.

237 Reading (lire)

- a book : un livre
- the cover /ʌ/ : la couverture
- a writer /aɪ/ : un écrivain
- an author /'ɔːθə/ : un auteur
- a novelist : un romancier
- a novel /ɒ/ : un roman
- the main character /'kæ/ : le personnage principal
- the narrator /nə'reɪtə/ : le narrateur
- the hero /'hɪərəʊ/ (pl. heroes) : le héros
- to 'happen : se passer
- an account /ə'kaʊnt/ : un récit
- a story /ɔː/ : une histoire
- a de'tective story : une histoire policière
- a short story : une nouvelle
- a fairy tale /eɪ/ : un conte de fées
- science fiction : la science-fiction
- a biography /baɪ'ɒ/ : une biographie
- a diary /'daɪəri/ : un journal intime
- poetry /'pəʊɪtri/ : la poésie
- a poem /'pəʊɪm/ : un poème
- a line /aɪ/ : un vers

Detective stories were a new form of fiction in the 19th century. The first famous detective was invented by Edgar Poe, and was called Auguste Dupin. This character inspired Sir Arthur Conan Doyle for his Sherlock Holmes.

Les histoires policières étaient une nouvelle forme de fiction au XIXe siècle. Le premier détective célèbre a été inventé par Edgar Poe et s'appelait Auguste Dupin. Ce personnage a inspiré Sir Arthur Conan Doyle pour son Sherlock Holmes.

238 Watching a film (regarder un film)

- a film (GB), a movie (US) : un film
- an action film : un film d'action
- a thriller : un film à suspense
- a romance : une histoire d'amour
- a film director : un producteur
- an actor / an actress : un acteur / une actrice
- a part, a role : un rôle

- a stunt man : un cascadeur
- special effects : les effets spéciaux
- in the o'riginal (version) : en version originale
- 'subtitles : des sous-titres
- a trailer /'treɪlə/ : une bande-annonce
- a soundtrack /saʊnd/ : une musique de film

"Tom! Shall we go to the cinema tonight?" "Oh yes! I'd love to see *X-Robots* in the original. I've seen the trailer, it looks great!" "Alright, but I hope there will be subtitles!"

« Tom, on va au cinéma ce soir ? – Oh oui ! J'adorerais voir *X-robots* en v.o. J'ai vu la bande-annonce, ça a l'air super. – D'accord, mais j'espère qu'il y aura des sous-titres ! »

239 **Listening to 'music** (écouter de la musique)

- 'music : la musique
- a mu'sician : un musicien
- a com'poser : un compositeur
- a band : un groupe
- a song : une chanson
- a singer : un chanteur
- to sing* : chanter
- a choir /kwaɪə/ : une chorale
- the lyrics : les paroles [d'une chanson]
- a tune : une mélodie
- a score : une partition
- a note : une note
- an orchestra /'ɔːkɪstrə/ : un orchestre
- a con'ductor : un chef d'orchestre
- to play an 'instrument : jouer d'un instrument
- the drums : la batterie
- the vio'lin : le violon
- a 'concert : un concert
- a concert hall : une salle de concert

My sister plays the violin in an orchestra and my brother sings in a choir. I love listening to them.

Ma sœur joue du violon dans un orchestre et mon frère chante dans une chorale. J'adore les écouter.

CAREFUL!

Il faut penser à utiliser *the* devant les noms d'instruments (▸81).

- I play the guitar.
  Je joue de la guitare.

LES NOTES DE MUSIQUE

Dans les pays anglo-saxons, les notes ne se disent pas de la même façon qu'en France !

français	la	si	do	ré	mi	fa	sol
anglais	A	B	C	D	E	F	G

240 Going out (sortir)

- to go* to the cinema / the movies : aller au cinéma
- a showing : une séance
- the queue /kjuː/ (GB), the line (US) : la file d'attente
- to queue (GB), to stand in line (US) : faire la queue
- a cinemagoer : un cinéphile
- a theatre (GB) /'θɪətə/, a theater (US) : un théâtre [salle]
- a play : une pièce de théâtre
- a 'playwright : un dramaturge
- the plot : l'intrigue
- the stage : la scène
- the wings : les coulisses
- the 'scenery, the set : les décors
- a 'costume : un costume
- to put* on a play : monter une pièce

- stage directions : les indications scéniques
- a rehearsal /ri'hɜːsəl/ : une répétition
- a show : un spectacle
- the 'audience : les spectateurs, le public
- to at'tend : assister à
- to per'form : jouer, représenter
- a performance : une représentation
- to visit : visiter
- outings : les excursions
- a museum /mju'ziːəm/ : un musée
- an exhi'bition : une exposition
- a leisure park : un parc de loisirs
- the 'circus /ɜː/ : le cirque

Training

1 Associe chaque élément à sa catégorie.

1. Beauty and the Beast	☐ bands
2. The Beatles	☐ heroes
3. Roald Dahl	☐ fairy tales
4. Shakespeare	☐ writers
5. Superman	☐ playwrights

2 Recompose les mots suivants et donne leur traduction.

1. TAHER : ... (...)	**5.** TBEIHIINXO : ... (...)
2. WOSSDCRROS : ... (...)	**6.** UIADECNE : ... (...)
3. BLUC : ... (...)	**7.** RATLRIE : ... (...)
4. AUCCNOT : ... (...)	**8.** EPADS : ... (...)

1 1. Beauty and the Beast : fairy tales 2. The Beatles : bands 3. Roald Dahl : writers 4. Shakespeare : playwrights 5. Superman : heroes

2 1. HEART (cœur) 2. CROSSWORDS (mots croisés) 3. CLUB (trèfle) 4. ACCOUNT (récit) 5. EXHIBITION (exposition) 6. AUDIENCE (public) 7. TRAILER (bande-annonce) 8. SPADE (pique)

La ville

[Comme un taureau dans un magasin de porcelaine.]
Prov. : Comme un éléphant dans un magasin de porcelaine.

241 **Towns and 'cities** (petites et grandes villes)

- a 'capital (city) : une capitale
- the town/city centre : le centre-ville
- downtown /daʊn'taʊn/ : en ville
- an in'habitant : un habitant
- a 'district : un quartier
- the suburbs /'sʌbɜːbz/ : la banlieue
- to com'mute : faire la navette
- the housing /aʊ/ problem : le problème du logement

There are lots of inhabitants in the cities. The housing problem is so important that it is difficult to find a place to live in the town centre. People often have to move to the suburbs.

Il y a beaucoup d'habitants dans les grandes villes. Le problème du logement est si important qu'il est difficile de trouver un endroit où vivre dans le centre. Les gens doivent souvent déménager dans la banlieue.

La *city* de Londres

The City of London est le quartier des affaires, au centre de la ville, où se trouve la bourse (*the Stock Exchange*), l'une des plus importantes du monde. La *City* a son propre maire (*the Lord Mayor of the City of London*), une administration indépendante et sa propre police. Lors d'une cérémonie annuelle, la reine s'en fait remettre les clés.

242 **Walking in the streets** (marcher dans les rues)

- a pe'destrian : un piéton
- a pe'destrian crossing, a 'zebra crossing : un passage pour piétons
- the passers-by : les passants
- the 'pavement (GB), the 'sidewalk (US) : le trottoir
- busy /'bɪzi/ : très fréquenté [lieu], affairé [personne]
- noisy : bruyant
- lively /'laɪvli/ : animé
- a crowd /aʊ/ : une foule
- to hurry : se dépêcher
- to rush : se précipiter
- a 'phone box (GB), a 'phone booth (US) : une cabine téléphonique
- to queue (up) (GB), to line (up) (US) : faire la queue

Trouver son chemin ▶ 248-251

@)) The streets of a city are usually busy, lively and noisy: a lot of pedestrians walk on the pavements, often hurrying to some place they are the only ones to know.

Les rues d'une ville sont généralement très fréquentées, animées et bruyantes : beaucoup de piétons marchent sur les trottoirs, se hâtant souvent vers un endroit qu'ils sont les seuls à connaître.

Les villes américaines

Dans beaucoup de villes des États-Unis, rues et avenues se croisent à angle droit et sont simplement numérotées (d'est en ouest et du sud au nord). À Washington, la Maison Blanche (dont l'adresse est pourtant sur Pennsylvania Avenue) est située entre la 15e et la 17e rue. À Manhattan, Central Park est bordé à l'est par la 5e Avenue et au sud par la 59e rue.

243 Driving in the city (conduire en ville)

- a driver /aɪ/ : un chauffeur
- a car /ɑː/ : une voiture
- a van : une camionnette
- a truck : un camion
- a taxi, a cab : un taxi
- a tram, a streetcar : un tramway
- a double-decker (bus) : un bus à deux étages
- the fare /eə/ : le prix de la place
- the traffic : la circulation
- a traffic jam : un embouteillage
- rush hours : les heures de pointe
- to sound the horn : klaxonner
- the bustle /ˈbʌsl/ : l'animation
- the din : le vacarme

Trouver son chemin ▶ 248-251

During rush hours, it is very difficult to drive in a city. When there is too much traffic, drivers sound the horn… but it doesn't help get out of a traffic jam!

Pendant les heures de pointe, il est très difficile de conduire dans une ville. Quand il y a trop de circulation, les conducteurs klaxonnent… mais cela n'aide pas à sortir d'un embouteillage !

244 Using the tube (prendre le métro)

- the London underground (GB) /ˈʌndəgraʊnd/, the Tube /tjuːb/ : le métro de Londres
- the 'Subway : le métro de New York
- a tube (GB)/subway (US) station : une station de métro
- a line : une ligne [de métro, de bus]
- a map : un plan
- northbound/southbound : en direction du nord/du sud
- a ticket machine : un distributeur de tickets
- to get* on : monter
- to get* off : descendre
- over'crowded /aʊ/ : bondé

The London underground is called the Tube. If you buy a travelcard, you will be able to get on and off at any bus stop or tube station on any line for the same price.

Le métro de Londres s'appelle le *Tube*. Si vous achetez une *travelcard*, vous pourrez monter et descendre à n'importe quel arrêt de bus ou station de métro sur n'importe quelle ligne pour le même prix.

Des véhicules emblématiques

Un bus à Londres

Un taxi à Londres

Un taxi à New York

245 Services (les services)

- the town hall /ɔː/ : la mairie
- a mayor /meə/ : un maire
- the tourist (information) office : l'office du tourisme
- a po'lice 'station : un commissariat de police
- a fire /faɪə/ station : une caserne de sapeurs-pompiers
- a post office : un bureau de poste
- a 'library /aɪ/ : une bibliothèque
- a bank : une banque
- a cash dispenser (GB), an ATM (US) : un distributeur automatique
- open : ouvert
- closed : fermé

Le monde du travail ▶ 252-257

If you go to the town hall or the tourist information office, you will find all sorts of services or information about the city you are in.

Si vous allez à la mairie ou à l'office du tourisme, vous trouverez toutes sortes de services et de renseignements à propos de la ville dans laquelle vous êtes.

New Scotland Yard

Lorsque l'on parle de la police de Londres, on dit le plus souvent *Scotland Yard*. En fait, il s'agit du lieu où se sont établis les membres de la police métropolitaine de Londres à sa création en 1829. Depuis, le quartier général de la police londonienne a déménagé deux fois, mais on lit toujours sur sa façade : *New Scotland Yard*.

246 Shops (les magasins)

- a shop (GB), a store (US) : un magasin
- the baker's /eɪ/ : la boulangerie
- the butcher's /ʊ/ : la boucherie
- a shoe shop : un magasin de chaussures
- a clothes /kləʊðz/ shop : un magasin de vêtements
- a sports shop : un magasin de sport
- a toy shop : un magasin de jouets
- a 'bookshop : une librairie
- a de'partment store : un grand magasin
- a de'partment : un rayon
- a 'supermarket : un supermarché
- a 'shopping centre (GB), a shopping mall (US) : un centre commercial

Le monde du travail ▶ 252-257

@ In the town centre, there are lots of shops to buy everything you need: bread at the baker's, meat at the butcher's, or a nice shirt at the clothes shop.

Dans le centre-ville, il y a beaucoup de magasins où acheter tout ce dont on a besoin : du pain à la boulangerie, de la viande à la boucherie ou une jolie chemise au magasin de vêtements.

CAREFUL!

On emploie *'s* après les noms de métiers (▶ 118) pour désigner le magasin correspondant : *baker's* par exemple signifie « le magasin du boulanger », « la boulangerie ».

247 Going shopping (aller faire des courses)

- a 'customer : un client
- to cost* : coûter
- the price /aɪ/ : le prix
- How much is it? C'est combien ?
- the sales /seɪlz/ : les soldes
- to buy* : acheter
- to pay* : payer
- the cash desk : la caisse
- the cashier /kæ'ʃɪə/ : le caissier
- the receipt /ri'siːt/ : le ticket de caisse
- a cheque (GB), a check (US) : un chèque
- a credit card : une carte de crédit
- the change /tʃeɪndʒ/ : la monnaie
- to spend* money : dépenser de l'argent
- to sell* : vendre

"How much is this DVD, please? I can't see the price."
"It's £15.20 (fifteen pounds twenty)."
"OK, then, I'll buy it. I'll pay cash. Here you are."
"Thank you. Here's your change… and your receipt."

« Combien coûte ce DVD, s'il vous plaît ? Je ne vois pas le prix.
– Il coûte 15 livres 20.
– D'accord, alors, je l'achète. Je vais payer en liquide. Tenez.
– Merci. Voici votre monnaie… et votre ticket de caisse. »

Training

1 Ces affirmations sont-elles justes (*right*) ou fausses (*wrong*) ? Coche la bonne réponse.

	right	wrong
1. A city is a small town.		
2. Pedestrians can cross the street on a zebra crossing.		
3. In a crowd, there are a lot of people.		
4. You can eat a traffic jam on your toast.		
5. A double-decker bus is a car.		
6. Policemen work in a town hall.		
7. In New York, you can take the Subway.		
8. You can buy books in a library.		

2 Quel mot correspond à chacune de ces définitions ?

1. A place where you can buy books: ...
2. The place where the mayor works: ...
3. A very big place where the Americans go shopping: ...
4. The person who buys something in a shop: ...
5. The place where pedestrians walk in a town: ...
6. A sort of train driving underground: ...

1 1. Wrong (a city = a large town) 2. Right 3. Right
4. Wrong (jam = confiture **mais** traffic jam = embouteillage)
5. Wrong (car = voiture) 6. Wrong (a town hall = une mairie) 7. Right
8. Wrong (library = bibliothèque)

2 1. a bookshop 2. a town hall 3. a shopping mall
4. a customer 5. a pavement, a sidewalk
6. the underground, the Tube, the Subway

Trouver son chemin

«Retour à la case départ !» [*square one* : la case départ]

248 Lo'cating (situer)

- a place /eɪ/ : un endroit, un lieu
- the lo'cation : l'emplacement
- well situated /'sɪtjueɪtɪd/ : bien situé
- here /hɪə/ : ici
- there /ðeə/ : là, là-bas
- over there : là-bas, de l'autre côté
- in'side /aɪ/ : à l'intérieur
- out'side /aɪ/ : à l'extérieur
- at the end (of) : au bout (de), à l'extrémité (de)
- at/on the corner : à l'angle, au coin
- around /ə'raʊnd/ here : par ici
- around / round the corner : tout près
- nearby : aux alentours

My house is very well situated. It is located in a nice place, opposite my best friend's house, behind my grand-parents'. And my school is just around the corner.

Ma maison est très bien située. Elle se trouve dans un endroit agréable, en face de chez mon meilleur ami, et derrière chez mes grands-parents. Et mon collège est tout près.

249 Going somewhere (aller quelque part)

- this way : dans cette direction
- in the right /aɪ/ direction : dans la bonne direction
- in the wrong /rɒŋ/ direction : dans la mauvaise direction
- 'forward : en avant
- 'backward : en arrière
- to/in the north : au nord
- to/in the south /saʊθ/ : au sud
- to/in the east /iːst/ : à l'est
- to/in the west : à l'ouest

- to/on the left : à gauche
- to/on the right /aɪ/ : à droite
- to turn : tourner
- straight /streɪt/ on, straight ahead : tout droit
- to go* up a street : monter une rue
- to go* down a street : descendre une rue
- to go* past : passer devant
- to go* across, to cross : traverser
- across : de l'autre côté, à travers

To come to my house, turn left out of the station. Go straight on, and turn right at the next corner. Go up the street, then across the square and you're there.

Pour venir chez moi, tourne à gauche en sortant de la gare. Va tout droit et ensuite tourne à droite au carrefour suivant. Remonte la rue puis traverse la place et tu y es.

La conduite à gauche

En Grande-Bretagne et dans beaucoup d'anciennes colonies britanniques, on roule à gauche. À Londres, pour éviter des accidents aux piétons quand ils traversent, sont écrites sur le bitume les indications *Look right* et *Look left*.

Careful!

Right peut signifier «droite»; il est alors le contraire de *left*. Il peut aussi signifier «bien», «bon», «exact» comme dans *the right direction*. Il est alors le contraire de *wrong*.

250 Asking your way (demander ton chemin)

- to get* lost : se perdre
- to be* lost : être perdu
- a map : un plan, une carte
- Can you tell* me the way to... ?
  Pouvez-vous m'indiquer le chemin pour aller à... ?
- How can I get*/go* to... ?
  Comment est-ce que je peux aller à... ?
- far (from) : loin (de)
- close /kləʊs/ (to) : près (de)
- to go* : aller
- to drive* /aɪ/ : aller en voiture
- to walk : aller à pied
- on foot : à pied
- to take* the bus : prendre le bus
- to take* the underground : prendre le métro

@)) "Excuse me, sir, I'm lost. Can you tell me the way to the stadium, please? Do you know where it is?" "Sure. You're not very far. But the easiest way is to take the underground."

« Pardon monsieur, je suis perdu. Pouvez-vous m'indiquer le chemin pour aller au stade, s'il vous plaît ? Savez-vous où il se trouve ? – Bien sûr. Vous n'êtes pas très loin. Mais le plus facile est de prendre le métro. »

CAREFUL!

Beaucoup de mots interrogatifs (▶ 150) sont formés sur le modèle *how* + **adjectif**. *How* utilisé seul signifie « comment ». Pour interroger sur la distance, on demande donc littéralement « c'est loin comment ? » (*how far?*) et pour interroger sur le temps nécessaire, « c'est long comment ? » (*how long?*)...

251 Landmarks (les points de repère)

- a street : une rue
- a one-way street : une rue à sens unique
- the traffic lights : les feux tricolores
- a 'building /ɪ/ : un bâtiment
- a shop : un magasin
- a car park : un parking
- a bus stop : un arrêt de bus
- the 'station : la gare
- a road /əʊ/ : une route
- a road sign : un panneau de signalisation
- a roundabout /'raʊndəbaʊt/ : un rond-point
- a 'junction, a 'crossroads : un carrefour
- an exit : une sortie
- a 'U-turn : un demi-tour

La ville ▶ 241-247

@)) To get to the station, drive up this street. At the roundabout take the first street on your left, and drive down the road to the traffic lights. Then, follow the road signs.

Pour aller à la gare, remontez cette rue. Au rond-point, prenez la première à gauche et descendez la route jusqu'aux feux. Puis suivez les panneaux de signalisation.

Mètre ou yard ?

Le système métrique n'a été adopté officiellement en Grande-Bretagne qu'en mai 1965 et le système de mesure britannique est encore présent dans bien des aspects de la vie courante.

an inch (in) : un pouce (2 cm 54)

a foot (ft) : un pied = *12 inches* (30 cm 48)

a yard (yd) = 3 feet (97 cm 44)

a mile (m/mi) = 1 km 609

Training

1 Associe chaque image à sa légende.

1. Turn left at the next corner. ...
2. Turn right into High Street. ...
3. Drive up High street to the traffic lights. ...
4. Go straight on across High Street. ...

2 Comment le dire en anglais ? Coche la réponse qui convient.

1. Pour demander à quelle distance se trouve le cinéma :

- ☐ Where's the cinema?
- ☐ How far is the cinema?
- ☐ How long is the cinema?
- ☐ What's the way to the cinema?

2. Pour demander comment s'y rendre :

- ☐ How long is the cinema?
- ☐ Can you drive me to the cinema?
- ☐ How far is the cinema?
- ☐ Can you tell me the way to the cinema?

3. Pour répondre qu'il faut descendre la rue jusqu'au prochain carrefour puis tourner à gauche dans l'avenue :

- ☐ Walk up the street to the traffic light then turn left into the road.
- ☐ Walk down the street to the next corner then turn left into the avenue.
- ☐ Walk down the street to the next corner then go straight on across the avenue.

1 a-3 b-1 c-4 d-2

2 1. How far is the cinema? 2. Can you tell me the way to the cinema? 3. Walk down the street to the next corner then turn left into the avenue.

Le monde du travail

«J'adore mon travail !»

252 Looking for work (chercher du travail)

- training : la formation
- employment : l'emploi
- to look for a job : chercher un emploi
- a job seeker : un demandeur d'emploi
- a job ad'vertisement : une annonce d'emploi
- to apply /aɪ/ for a job : faire une demande d'emploi
- a job interview : un entretien d'embauche
- to hire /'haɪə/ sb : embaucher qqn
- to work full-time : travailler à plein temps
- to work part-time : travailler à temps partiel
- the 'minimum wage /eɪ/ : le salaire minimum
- a 'salary : un salaire
- to earn /ɜː/ a living : gagner sa vie
- to dis'miss : licencier qqn
- to fire /faɪə/ : renvoyer
- unemployed : au chômage
- unem'ployment : le chômage
- to retire /ri'taɪə/ : prendre sa retraite

@)) In the future, I want to work with animals. I'd like to be hired in a zoo or I could apply for a job in a pet shop maybe?

Plus tard, je veux travailler au contact des animaux. J'aimerais être employé par un zoo, ou bien je pourrais chercher du travail dans une animalerie peut-être ?

CAREFUL!

Il ne faut pas confondre *to win* («gagner», à un jeu par exemple) et *to earn* («gagner de l'argent», en contrepartie d'un travail). D'ailleurs, *to earn* peut vouloir dire aussi «mériter».

253 **Firms** (les entreprises)

- a 'company : une société
- a 'factory : une usine
- a worker : un ouvrier
- a tech'nician : un technicien
- an e'xecutive : un cadre
- an ac'countant : un comptable
- a secretary /'sekrətri/ : un(e) secrétaire
- a com'puter 'programmer : un informaticien
- an engi'neer : un ingénieur
- an ap'prentice : un apprenti
- a trai'nee : un stagiaire
- the staff : le personnel
- a 'manager : un directeur [de société]
- the boss : le patron
- a businessman /'bɪznɪsmən/ : un homme d'affaires
- an 'office : un bureau
- to go* on strike : faire grève

@)) In a firm, a company or a factory, when the employees or the workers don't agree with the boss about their working conditions or their salary, they can go on strike.

Dans une entreprise, une société ou une usine, quand les employés ou les ouvriers ne sont pas d'accord avec le patron à propos de leurs conditions de travail ou de leur salaire, ils peuvent faire grève.

254 **Shops** (les commerces)

- a shop assistant, a salesman/-woman : un(e) vendeur (-deuse)
- a grocer : un épicier
- a baker /eɪ/ : un boulanger
- a butcher /'bʊtʃə/ : un boucher
- a 'fishmonger : un poissonnier
- a cobbler : un cordonnier
- a 'bookseller : un libraire
- a 'newsagent : un marchand de journaux
- a beau'tician : un(e) esthéticien(ne)
- a 'hairdresser : un coiffeur
- a barber : un coiffeur pour hommes
- a florist : un fleuriste
- a jeweller /'dʒuːələ/ : un bijoutier

255 **Services** (les services)

- a 'fireman /aɪə/ : un pompier
- a 'postman : un facteur
- a milkman : un laitier
- a bus/train driver : un conducteur de bus/de train
- a clerk /ɑː/ : un employé
- a librarian : un bibliothécaire
- a po'liceman, a police officer : un policier
- a 'sailor : un marin

La santé ▶ 225-231
La ville ▶ 241-247

@)) He would like to become a fireman, a policeman or a sailor. But that's just because he likes uniforms!

Il voudrait devenir pompier, policier ou marin. Mais c'est juste parce qu'il aime les uniformes !

CAREFUL!

Les noms de métiers se terminant par *-man* se mettent au féminin en remplaçant *man* par *woman* : *a policewoman*. Au pluriel, on dit *policemen* pour des hommes et *policewomen* pour des femmes (▸78).

LE LAITIER

En Grande-Bretagne, le laitier livrait des bouteilles de lait et autres produits frais (*dairy products*) à la porte de ses clients le matin dans une petite camionnette à trois roues. Cependant ce métier typiquement britannique a tendance à disparaître car les Britanniques achètent de plus en plus souvent leur lait au supermarché.

256 Some other jobs (d'autres métiers)

- a farmer : un agriculteur
- a fisherman : un pêcheur
- an architect /'ɑːkɪtekt/ : un architecte
- a judge /dʒʌdʒ/ : un juge
- a lawyer /'lɔɪə/ : un avocat
- a me'chanic : un mécanicien
- a plumber /'plʌmə/ : un plombier
- a 'carpenter : un menuisier
- a 'bricklayer : un maçon
- a cleaner : un agent d'entretien
- a gardener : un jardinier

À table ▸ 216-224

@)) My parents want me to be an architect, but I think building or repairing things is much more fun! I'd love to become a bricklayer, a plumber or a mechanic.

Mes parents veulent que je sois architecte, mais je pense que construire ou réparer est bien plus amusant ! J'adorerais devenir maçon, plombier ou mécanicien.

CAREFUL!

Quand on emploie un nom de métier, on utilise *a/an* devant (▸84).

- I'd love to become **a** bricklayer, **a** plumber or **a** mechanic.
  J'adorerais devenir maçon, plombier ou mécanicien.

257 Odd jobs (les petit boulots)

- pocket money : de l'argent de poche
- to do* (some) babysitting, to babysit* : faire du baby-sitting
- to do* (some) cat/dog sitting : s'occuper de chats/de chiens
- to walk a dog : promener un chien
- to wash cars : laver des voitures
- to do* some gardening : faire du jardinage
- to mow* the lawn : tondre la pelouse
- a paperboy : un livreur de journaux
- to de'liver : livrer

To earn some pocket money, you can do some baby-sitting or cat sitting at the weekend. I do some gardening and mow the lawn for my neighbour, who is an elderly lady.

Pour gagner de l'argent de poche, on peut faire du baby-sitting ou s'occuper d'un chat le week-end. Moi, je fais du jardinage et je tonds la pelouse pour ma voisine, qui est une dame âgée.

Les petits boulots Outre-Manche

En Grande-Bretagne et en Irlande, il est courant que les adolescents aient un job de quelques heures par semaine pour gagner un peu d'argent de poche. Environ deux millions d'adolescents britanniques travaillent régulièrement, souvent le week-end et bien sûr en dehors des heures scolaires.

Training

1 Quel est leur métier ? Trouve le mot qui correspond à chaque image.

1. ... 2. ... 3. ... 4. ... 5. ... 6. ...

2 Associe chaque métier à sa définition.

1. A fisherman
2. A jeweller
3. An accountant
4. A baker
5. A lawyer
6. A secretary

... makes bread and sells pastries.

... sometimes works in a bank or a company and keeps records of money.

... makes rings, necklaces and bracelets.

... catches fish in the sea.

... knows the law and defends people's rights in court.

... works in an office, answers phone calls and does a lot of written work for his/her boss.

1 1. a hairdresser 2. a farmer 3. a bus driver 4. a fireman 5. a mechanic 6. a postman/a postwoman

2 1. A fisherman catches fish in the sea.
2. A jeweller makes rings, necklaces and bracelets.
3. An accountant sometimes works in a bank or a company and keeps records of money.
4. A baker makes bread and sells pastries.
5. A lawyer knows the law and defends people's rights in court.
6. A secretary works in an office, answers phone calls and does a lot of written work for his/her boss.

Les animaux

«Qui m'aime aime mon chien.»

258 Pets (les animaux domestiques)

- a dog : un chien
- a puppy : un chiot
- a cat : un chat
- a kitten : un chaton
- a 'goldfish : un poisson rouge
- a guinea pig : un cochon d'Inde
- a mouse /maʊs/ (pl. mice /maɪs/) : une souris
- a pet shop : une animalerie
- a 'vet(erinary) : un vétérinaire
- Beware of the dog! Attention au chien !

@)) A lot of people have got dogs, cats or guinea pigs. When they go to a pet shop, children want to buy puppies or kittens... but when you've got a pet, you must look after it.

Beaucoup de gens ont des chiens, des chats ou des cochons d'Inde. Quand ils vont dans une animalerie, les enfants veulent acheter des chiots ou des chatons... mais quand on a un animal domestique, il faut s'en occuper.

La RSPCA

L'équivalent anglais de la Société protectrice des animaux est la *RSPCA* : *Royal Society for the Prevention of Cruelty to Animals* (société royale contre la cruauté envers les animaux). Cette société est gouvernementale (donc royale), au même titre que la poste (*Royal Mail*) par exemple.

259 Farm animals (les animaux de la ferme)

- a cow /kaʊ/ : une vache
- a sheep /iː/ : un mouton
- a lamb /læm/ : un agneau
- a goat : une chèvre
- a pig : un cochon
- a horse /hɔːs/ : un cheval
- a donkey /'dɒŋki/ : un âne
- a rabbit : un lapin
- a duck /ʌ/ : un canard
- a cock, a rooster (US) : un coq
- a hen : une poule
- a chicken : un poulet
- a chick : un poussin

260 In the garden (dans le jardin)

- a bird /ɜː/ : un oiseau
- a dove : une colombe
- a swallow : une hirondelle
- a 'nightingale : un rossignol
- a spider /aɪ/ : une araignée
- an insect, a bug : un insecte
- a fly (pl. flies) : une mouche
- a mosquito : un moustique
- a bee : une abeille
- a wasp /wɒsp/ : une guêpe
- a 'ladybird : une coccinelle
- a 'butterfly : un papillon
- a 'caterpillar : une chenille
- an ant : une fourmi
- a snail : un escargot
- a slug /ʌ/ : une limace
- a worm : un ver
- a tortoise /'tɔːtəs/ : une tortue
- a 'hedgehog : un hérisson
- a mole : une taupe

Hedgehogs are very useful in a garden because they eat a lot of pests: insects, snails, worms…

Les hérissons sont très utiles dans un jardin parce qu'ils mangent beaucoup d'animaux nuisibles : des insectes, des escargots, des vers…

WASP

A WASP n'est pas seulement une guêpe aux États-Unis ! Il s'agit aussi des initiales de *White Anglo-Saxon Protestant*. Ce terme, devenu péjoratif, désigne les Américains blancs dont les ancêtres sont originaires d'Europe du Nord.

261 **By the waterside** (au bord de l'eau)

- a swan /ɒ/ : un cygne
- a frog : une grenouille
- a toad /əʊ/ : un crapaud
- a dragonfly : une libellule
- a (sea)gull /gʌl/ : une mouette, un goéland
- a shark : un requin
- a whale /eɪ/ : une baleine
- a 'dolphin : un dauphin
- a seal : un phoque
- a 'penguin : un pingouin
- a shellfish : un coquillage
- a jelly fish : une méduse
- an octopus : une pieuvre

La nature ▶ 264-269

@)) Last summer, I spent my holidays by the seaside. I could see dolphins and seals for the first time. It was so cold that there were even penguins!

L'été dernier, j'ai passé mes vacances au bord de la mer. J'ai vu des dauphins et des phoques pour la première fois. Il faisait tellement froid qu'il y avait même des pingouins !

262 **In the woods** (dans les bois)

- a wolf /wʊlf/ (pl. wolves) : un loup
- a fox (pl. foxes) : un renard

- a bear /beə/ : un ours
- a deer : une biche, un cerf
- a hare : un lièvre
- a squirrel /'skwɪrəl/ : un écureuil
- a bird of prey : un rapace
- an eagle : un aigle
- a vulture /'vʌltʃə/ : un vautour
- a boar : un sanglier

@)) Last weekend, we visited a park where we saw deer and squirrels. A guide told us that wolves and bears used to live there, but of course, they don't any more.
Le week-end dernier, on a visité un parc où on a vu des cerfs et des écureuils. Un guide nous a dit qu'autrefois, des loups et des ours habitaient là, mais bien sûr ce n'est plus le cas.

CAREFUL!

Certains noms d'animaux, comme *sheep*, *fish* (le plus souvent) ou *deer*, et leurs composés sont invariables (▸ 78). On dit donc :

- I've got ten sheep, twelve exotic fish and six goldfish.
  J'ai dix moutons, douze poissons exotiques et six poissons rouges.

263 Wildlife (les animaux sauvages)

- a lion /aɪ/ : un lion
- a zebra /iː/ ou /e/ : un zèbre
- a gi'raffe : une girafe
- a rhi'noceros /aɪ/ : un rhinocéros
- an elephant : un éléphant
- a hippo('potamus) : un hippopotame
- a monkey : un singe
- a snake : un serpent
- 'poisonous : venimeux
- a koala /kəʊ'ɑːlə/ : un koala
- a kangaroo /kæŋgə'ruː/ : un kangourou
- a parrot : un perroquet
- an 'ostrich : une autruche
- a dingo : un dingo

Many different animals live in Africa. Lions, zebras, elephants or giraffes live in the savannah whereas camels live in the desert.

Beaucoup d'animaux différents vivent en Afrique. Les lions, les zèbres, les éléphants ou les girafes vivent dans la savane alors que les chameaux vivent dans le désert.

La nature ▶ 264-269

Animaux d'Australie

En Australie, il y a plus de kangourous que d'habitants ! On estime le nombre de kangourous à plus de 50 millions alors que la population était d'un peu plus de 23 millions en 2014. C'est pourquoi il est courant de trouver ce genre de panneaux sur les routes australiennes.

1. kangaroo 2. koala 3. sugar glider 4. wombat 5. kookaburra 6. duck-billed platypus 7. emu 8. dingo

Training

1 Raye l'intrus dans chacune de ces listes.

1. a cat – a dog – a kitten – a bear – a hamster – a guinea pig
2. a kangaroo – a lion – a giraffe – a hippopotamus – a zebra – an elephant
3. a shark – a whale – a dolphin – a fish – an octopus – a snail
4. a bird – a fly – a butterfly – an eagle – a fox – a parrot
5. a pig – a cow – a sheep – a wolf – a chicken – a rabbit

2 Trouve à quel nom correspond chacune des descriptions suivantes.

1. It is supposed to be man's best friend and it is the most common pet. You can walk it. ...
2. It is a wild animal, looking like a dog, and it lives in Australia. ...
3. It creeps in the garden and some French people cook and eat it with butter and garlic. ...
4. It is small and green, and it likes living by the waterside. The English call the French by its name because some French people eat its legs! ...
5. It's got eight legs but it hasn't got any wings. It builds webs to catch flies or other flying insects. ...
6. It looks like a horse and it is black and white. It lives in the savannah. ...

1 1. a bear (not a pet) 2. a kangaroo (not an African animal)
3. a snail (not an aquatic animal) 4. a fox (not a flying animal)
5. a wolf (not a farm animal)

2 1. a dog 2. a dingo 3. a snail 4. a frog 5. a spider 6. a zebra

La nature

[« Il pleut des chats et des chiens. »] Il pleut des cordes.

264 At the 'seaside (au bord de la mer)

- water : l'eau
- the sea : la mer
- a wave : une vague
- the tide /taɪd/ : la marée
- a 'lighthouse : un phare
- land : la terre
- an island /'aɪlənd/ : une île
- the coast /kəʊst/ : la côte
- the shore : le rivage
- a cliff : une falaise
- a beach /iː/ : une plage
- sand : du sable

When we spent our holidays in Brittany, we took the boat to get to an island. It was impressive to see the coast from there.

Quand on a passé nos vacances en Bretagne, on a pris le bateau pour aller sur une île. C'était impressionnant de voir la côte de là.

265 In the countryside (à la campagne)

- the country /'kʌntri/ : la campagne
- the landscape : le paysage
- a village : un village
- a field /iː/ : un champ
- the crops : les cultures
- wheat /iː/ : le blé
- a hill : une colline
- a hedge : une haie
- a bush /ʊ/ : un buisson
- grass : de l'herbe
- a flower : une fleur
- a 'forest : une forêt
- a wood : un bois
- a tree : un arbre
- a branch : une branche
- a leaf (pl. leaves) : une feuille
- an oak : un chêne
- a chestnut tree : un châtaignier
- a 'river /ɪ/ : une rivière
- a lake : un lac
- a moor : une lande
- heather /e/ : la bruyère

266 In the mountains (à la montagne)

- a mountain /'maʊntɪn/ : une montagne
- a mountain range /eɪ/ : une chaîne de montagnes
- a plateau : un plateau
- a valley /i/ : une vallée
- a stream /iː/ : un ruisseau
- a 'waterfall : une cascade
- a fir /ɜː/ : un sapin
- a cave /eɪ/ : une grotte
- a refuge : un refuge [de montagne]
- a stone : une pierre
- rock : de la roche

@)) A lot of National Parks in the USA offer breathtaking landscapes. In Death Valley National Park, CA, you will be in a stony desert, whereas in Yosemite, you will hike in the mountains, you will cross streams and waterfalls.

Beaucoup de parcs nationaux aux États-Unis offrent des paysages à couper le souffle. Dans le parc national de la Vallée de la Mort, en Californie, vous serez dans un désert de pierre, alors qu'à Yosemite, vous randonnerez dans les montagnes, vous traverserez des ruisseaux et des cascades !

267 In the wild (dans la nature)

- 'daylight : le jour, la lumière du jour
- 'sunrise : l'aube
- 'sunset : le coucher de soleil
- twilight /'twaɪlaɪt/ : le crépuscule
- a sound /aʊ/ : un son
- 'silence /saɪ/ : le silence
- quiet /kwaɪət/ : calme, tranquille

268 The climate /'klaɪmət/ (le climat)

- climatic /klaɪ'mætɪk/ : climatique
- a season /'siːzn/ : une saison
- spring : le printemps
- summer : l'été
- autumn (GB), fall (US) : l'automne
- winter : l'hiver
- dry : sec
- wet : humide
- 'temperate : tempéré
- extreme /ɪk'striːm/ : extrême
- cold : froid
- cool, chilly : frais
- mild /aɪ/ : doux
- warm : bon, chaud
- hot : (très) chaud
- the heat /iː/ : la chaleur

In a temperate climate, there are four seasons: spring, summer, which can be dry, autumn, which is usually wet, and winter.

Dans un climat tempéré, il y a quatre saisons : le printemps, l'été, qui peut être sec, l'automne, qui est généralement humide, et l'hiver.

269 **The weather forecast** (les prévisions météo)

- sunny : ensoleillé
- 'sunshine : du soleil
- to shine* : briller
- a cloud /aʊ/ : un nuage
- the rain : la pluie
- to fall* : tomber
- a shower /ʃaʊə/ : une averse
- the wind /ɪ/ : le vent
- to blow* : souffler
- the fog : le brouillard
- a storm : un orage
- a 'rainbow /bəʊ/ : un arc-en-ciel
- the snow : la neige
- to freeze* : geler
- ice : la glace
- 'temperature : la température
- a de'gree : un degré

L'écologie ▶ 270-274

@)) And now the weather forecast for Europe! It will be sunny in the British isles, but cold: only 4°C in Dublin. A lot of sunshine in France too, but with the same temperatures. Stockholm and Oslo will be under the snow today.

Et maintenant les prévisions météorologiques pour l'Europe ! Il va faire beau sur les Îles britanniques, mais froid : seulement 4°C à Dublin. Beaucoup de soleil en France aussi, mais avec les mêmes températures. Stockholm et Oslo seront sous la neige aujourd'hui.

La température

Aux États-Unis, on utilise les degrés Fahrenheit (F) au lieu des degrés Celsius (C).
Température en °C = température en °F – 32, résultat que l'on multiplie par 5 puis divise par 9. Par exemple, 70°F = 21°C.

Training

1 Donne le contraire de chacun des mots suivants.

1. wet ≠ ...
2. day ≠ ...
3. sunrise ≠ ...
4. hot ≠ ...
5. summer ≠ ...

2 Choisis la bonne traduction.

1. un ruisseau : a stream – a waterfall
2. le brouillard : fog – cloud
3. un buisson : a wood – a bush
4. une haie : a cliff – a hedge
5. une chaîne de montagnes : a chain – a range
6. le rivage : the beach – the shore

1 1. wet ≠ dry 2. day ≠ night 3. sunrise ≠ sunset
4. hot ≠ cold 5. summer ≠ winter

2 1. un ruisseau : a stream
2. le brouillard : fog
3. un buisson : a bush
4. une haie : a hedge
5. une chaîne de montagnes : a range
6. le rivage : the shore

L'écologie

Prov. : Qui sème le vent récolte la tempête. [littéralement, la tornade]

270 Natural di'sasters (les catastrophes naturelles)

- a catastrophe /kəˈtæstrəfi/ : une catastrophe
- bad weather /ˈweðə/ : les intempéries
- an earthquake /ˈɜːθkweɪk/ : un tremblement de terre
- an e'ruption : une éruption volcanique
- a volcano /vɒlˈkeɪnəʊ/ : un volcan
- drought /draʊt/ : la sécheresse
- a heat wave : une canicule
- flooding /ʌ/, a flood : une inondation
- a hurricane /ˈhʌrɪkən/ : un ouragan
- a tornado : une tornade
- to sweep* : balayer

Many natural disasters can occur because of climate change: heat waves, flooding, drought, whirlwinds or hurricanes... It's a catastrophe!

De nombreuses catastrophes naturelles peuvent se produire à cause du changement climatique : canicules, inondations, sécheresse, tornades ou ouragans... C'est une catastrophe !

271 'Global 'warming (le réchauffement de la planète)

- the greenhouse ef'fect : l'effet de serre
- greenhouse gases /'gæsɪz/ : les gaz à effet de serre
- the 'ozone layer /'leɪə/ : la couche d'ozone
- climate change : le changement climatique
- to melt* : fondre
- the ice meltdown : la fonte des glaces
- the sea level : le niveau des mers
- defores'tation : la déforestation
- to chop down, to fell : abattre
- timber : du bois de construction
- des'truction : la destruction
- to destroy : détruire
- harmful : nocif

> @)) With global warming due to the greenhouse effect, the ice melts, which makes the sea level rise.
> Avec le réchauffement de la planète dû à l'effet de serre, la glace fond, ce qui fait monter le niveau des mers.

272 Pollution (la pollution)

- power /paʊə/ : l'énergie
- fuel /fjuːl/ : le carburant
- to pol'lute : polluer
- smoke : la fumée
- to e'mit : émettre
- carbon dioxide /daɪ'ɒksaɪd/ : le dioxyde de carbone
- the waste /weɪst/ : les déchets
- nuclear waste : les déchets nucléaires
- an oil spill : une marée noire
- a dump : une décharge
- noise : le bruit

The atmosphere can be polluted by smoke or toxic fumes. Emissions of carbon dioxide also pollute the air. Dumps and nuclear waste are harmful to the environment.

L'atmosphère peut être polluée par la fumée ou les émanations toxiques. Les émissions de dioxyde de carbone polluent aussi l'air. Les décharges et les déchets nucléaires sont nocifs pour l'environnement.

GREEN

L'adjectif *green* désigne tout ce qui est écologique. *A green car* peut donc être une voiture rouge !

273 En'dangered species (les espèces menacées)

- nature /'neɪtʃə/ : la nature
- the Earth : la Terre
- biodiversity /baɪədaɪ'vɜːsɪti/ : la biodiversité
- wildlife /'waɪldlaɪf/ : les animaux sauvages
- a species /'spiːʃiːz/ : une espèce
- the 'habitat : l'habitat
- to disap'pear : disparaître
- ex'tinct : éteint
- poaching /'pəʊtʃɪŋ/ : le braconnage
- a poacher : un braconnier
- fur : la fourrure
- ivory /'aɪvəri/ : l'ivoire
- to af'fect : toucher, affecter
- a threat /θret/ : une menace
- to threaten : menacer

Some species are endangered by poachers and the loss of their habitat. The threat is real and some have already disappeared. We have to preserve biodiversity for the future generations.

Certaines espèces sont menacées par les braconniers et la perte de leur habitat. La menace est réelle et certaines ont déjà disparu. Nous devons préserver la biodiversité pour les générations futures.

274 Sus'tainable development (développement durable)

- the en'vironment /ɪn'vaɪrənmənt/ : l'environnement
- an environ'mentalist : un écologiste
- eco-friendly : qui respecte l'environnement
- the 'balance : l'équilibre
- to pro'tect : protéger
- recycling /riː'saɪklɪŋ/ : le recyclage
- waste sepa'ration : le tri sélectif
- nature conser'vation : la défense de l'environnement
- energy conservation/savings : les économies d'énergie
- re'newable 'energy : l'énergie renouvelable
- waste treatment : le retraitement des déchets
- biofuel : les biocarburants
- 'hybrid cars : les voitures hybrides
- solar panels : les panneaux solaires
- a wind turbine : une éolienne

Environmentalists promote sustainable development thanks to waste separation, the use of eco-friendly products and recycling.

Les écologistes promeuvent le développement durable grâce au tri sélectif, à l'usage de produits qui respectent l'environnement et au recyclage.

Les problèmes mondiaux ▶ 281-285

Training

1 Que représentent ces images ?

1. ... 2. ... 3. ... 4. ...

2 Quel mot correspond à chacune de ces définitions ?

1. How do you call the fact that the climate changes and temperatures rise? ...

2. What is the result of a boat transporting oil and having an accident? ...

3. In the atmosphere, what protects us from the sun's rays? ...

4. Where is the waste stored when there has been no waste separation? ...

1 1. the Earth 2. deforestation 3. recycling 4. smoke

2 1. global warming 2. an oil spill 3. the ozone layer 4. in a dump

Les voyages

«Je voyage léger.»

275 **Going on holiday** (partir en vacances)

- a trip, a journey /'dʒɜːni/ : un voyage
- to go* on a trip : partir en voyage
- to stay : séjourner
- a stay : un séjour
- a seaside resort : une station balnéaire
- a ski resort : une station de ski
- to spend* holidays (GB) / vacation (US) : passer des vacances
- to be* on holiday : être en vacances
- a 'holidaymaker (GB), a va'cationer (US) : un vacancier
- 'Welcome to… Bienvenue à…
- Enjoy your stay! Passez un bon séjour !
- luggage /'lʌgɪdʒ/ (indén.) : les bagages
- to pack : faire ses bagages
- a sight /saɪt/ : un endroit à visiter
- sightseeing : le tourisme, les visites
- a 'memory : un souvenir
- a souvenir /suːvə'nɪə/ : un souvenir [objet]

276 Accommo'dation (l'hébergement)

- to be* accommodated : être hébergé
- a 'campsite : un terrain de camping
- a tent : une tente
- a youth hostel : une auberge de jeunesse
- a bed and breakfast, a B & B : une chambre d'hôte
- a guesthouse : une pension de famille

"Where are you going to spend your holidays, Bonnie?" "Well, we are going on a trip to the Lake District. We are staying in a B & B and then in a youth hostel!"

« Où vas-tu passer tes vacances, Bonnie ? – Eh bien, on part en voyage dans le Lake District. On séjourne dans une chambre d'hôte et ensuite à l'auberge de jeunesse. »

277 Travelling by plane, flying (voyager en avion)

- the flight /aɪt/ : le vol
- to fly* : voler
- a plane : un avion
- an 'airport : un aéroport
- an 'airline : une compagnie aérienne
- an 'air hostess, a 'stewardess : une hôtesse de l'air
- departure /di'pɑːtʃə/ : le départ
- arrival /ə'raɪvl/ : l'arrivée
- to board /bɔːd/ : embarquer
- to take* off : décoller
- to land : atterrir
- to 'cancel : annuler
- 'jetlag : le décalage horaire
- a time zone : un fuseau horaire

278 Other means of transport (autres moyens de transport)

- a car : une voiture
- a bus : un bus
- a coach : un car
- to hitchhike /haɪk/ : faire du stop
- a road : une route
- a motorway (GB), a freeway /'fri:weɪ/ (US) : une autoroute
- a toll : un péage
- a (railway) station : une gare
- railway(s) : les chemins de fer
- a train : un train
- a boat, a ship : un bateau
- a crossing : une traversée
- a single ticket (GB), a one-way ticket (US) : un aller simple
- a return ticket (GB), a round trip (US) : un aller-retour
- the fare /feə/ : le prix [du billet]
- to punch : composter
- a 'passenger : un passager
- a seat /i:/ : un siège
- the platform : le quai
- a de'lay : un retard
- on time : à l'heure

@)) "Hello. I would like to buy a return ticket to Southampton, please." "Sure. You'll have to wait on platform B. The train leaves at 9:14." "How much does the fare cost?" "£6.50." "Is it on time?" "I think it is."

« Bonjour. Je voudrais acheter un aller-retour pour Southampton, s'il vous plaît. – Bien sûr. Vous allez devoir attendre sur le quai B. Le train part à 9 h 14. – Combien ça coûte ? – 6 livres 50. – Il est à l'heure ? – Oui, je crois. »

Trouver son chemin ▶ 248-251

CAREFUL!

Les anglophones précisent souvent par leur verbe la façon dont ils se sont rendus quelque part.

- I **flew** to the USA last week.
  Je suis allé aux États-Unis la semaine dernière. [indication : en avion]

279 Going abroad (aller à l'étranger)

- overseas, abroad /ə'brɔːd/ : à l'étranger
- a country /'kʌntri/ : un pays
- a foreign /'fɒrən/ language : une langue étrangère
- the 'customs : la douane
- a 'customs 'officer : un douanier
- a 'border : une frontière
- to cross (the border) : passer (la frontière)
- a visa /'viːzə/ : un visa
- a way of life : un mode de vie
- the customs : les coutumes

@)) When you go abroad, you sometimes need a passport and a visa, which the customs officer checks. It is preferable to speak foreign languages to understand the customs of the country.

Quand on va à l'étranger, on a parfois besoin d'un passeport et d'un visa, que le douanier vérifie. Il est préférable de parler des langues étrangères pour comprendre les coutumes du pays.

Le monde anglophone ▶ 307-313

CAREFUL!

- *The customs* a deux sens : « la douane » ou « les coutumes ».
- On met toujours une majuscule aux adjectifs de nationalité en anglais (▶ 127) : *the English language* (la langue anglaise).

280 Desti'nations (les destinations)

- Africa : l'Afrique
- African : africain
- Asia /'eɪʒə/ : l'Asie
- Asian /'eɪʒən/ : asiatique
- Europe /'jʊərəp/ : l'Europe
- European /jʊərə'piːən/ : européen
- the Mediterranean sea : la mer Méditerrannée
- A'merica : l'Amérique
- the A'tlantic Ocean /'əʊʃn/ : l'océan Atlantique
- the Pacific Ocean : l'océan Pacifique
- Oceania /əʊʃi'eɪniə/ : l'Océanie
- the 'Indian Ocean : l'océan Indien

In France, we say there are five continents : Africa, Europe, America, Asia and Oceania. Yet, in most English-speaking countries, students learn that there are seven of them: North America, South America, Antarctica, Africa, Europe, Australia and Asia!

En France, on dit qu'il y a cinq continents : l'Afrique, l'Europe, l'Amérique, l'Asie et l'Océanie. Pourtant, dans la plupart des pays anglophones, les élèves apprennent qu'il y en a sept : l'Amérique du Nord, l'Amérique du Sud, l'Antarctique, l'Afrique, l'Europe, l'Australie et l'Asie.

Le monde anglophone ▶ 307-313

CAREFUL!

Il faut utiliser la préposition *to* pour indiquer où l'on va (direction) mais la préposition *in* pour indiquer où l'on est (▸ 159).

- I'm going **to** the Lake District.
- I'm staying **in** the Lake District.

Training

1 Associe l'élément en gras à l'un des mots proposés.

1. Il faut **passer** la frontière.
2. Il parle trois langues **étrangères**.
3. Où **séjournez**-vous ?
4. Il faut passer **la frontière**.
5. Je pars demain **à l'étranger**.
6. J'ai passé **un** excellent **séjour**.
7. À **la douane**, on a fouillé nos bagages.
8. Je vais découvrir **les coutumes** de ce pays.
9. **Le voyage** a été terrible.

- ☐ the customs
- ☐ the journey
- ☐ the border
- ☐ foreign
- ☐ a stay
- ☐ stay
- ☐ abroad
- ☐ cross
- ☐ the customs

2 Complète les traductions suivantes avec les mots qui conviennent.

1. Je veux un aller simple pour Tombouctou.
   I want a ... Timbuktu.
2. Je me demande si nous serons logés dans une auberge de jeunesse ou dans une chambre d'hôtes.
   I wonder if we will ... in a ... or in a ... .
3. L'hôtesse de l'air a dit que l'avion allait décoller dans cinq minutes.
   The ... said that the ... would ... in five minutes.
4. Il y a des péages sur les autoroutes françaises.
   There are ... on ... .

1 1. cross 2. foreign 3. stay 4. the border 5. abroad 6. a stay
7. the customs 8. the customs 9. the journey

2 1. I want a **one-way ticket/single ticket to** Timbuktu.
Pense à mettre ***to*** pour indiquer la direction.
2. I wonder if we will **be accommodated** in a **youth hostel** or in a **B & B**.
3. The **air hostess/stewardess** said that the **(air)plane** would **take off** in five minutes.
4. There are **tolls** on **French motorways/highways**.
Pense à la majuscule de ***French*** et, de façon générale, pense à mettre le **-s** du pluriel, sauf pour les adjectifs, qui sont invariables.

Les problèmes mondiaux

To be in the same boat…

[Être dans le même bateau…] Être dans la même galère…

281 Poverty (la pauvreté)

- de'veloping 'countries : les pays en voie de développement
- de'veloped countries : les pays développés
- 'poverty : la pauvreté
- the poor /pʊə/ : les pauvres
- food : la nourriture
- famine /'fæmɪn/ : la famine
- 'hunger : la faim
- malnu'trition : la malnutrition
- to die /daɪ/ : mourir
- to starve : mourir de faim
- a lack : un manque
- a shortage /'ʃɔːtɪdʒ/ : un manque, une pénurie
- an eco'nomic crisis /'kraɪsɪs/ (pl. crises) : une crise économique
- unem'ployed, out of work : au chômage
- 'homeless : sans abri

- the homeless : les sans-abri
- a slum : un taudis
- an il'legal immigrant : un émigré clandestin
- un'documented : sans papiers
- fair trade /'feə treɪd/ : le commerce équitable
- to sup'port : soutenir
- to en'courage : encourager
- equal pay : l'égalité des salaires
- to stand* together : être solidaire

@)) Fair trade consists in supporting and encouraging producers who grow crops in developing countries so that their incomes are decent compared with producers in developed countries.

Le Commerce équitable consiste à soutenir et encourager les producteurs qui cultivent dans les pays en voie de développement de façon à ce que leurs revenus soient décents comparés à ceux des producteurs des pays développés.

CAREFUL!

To support est à l'origine du nom « supporter » (de football par exemple). Il ne faut pas le confondre avec le verbe français « supporter ». Pour dire à quelqu'un qu'on ne le supporte plus, on dira : *I can't stand you any more!*

L'écologie ▶ 270-274

OXFAM

À l'origine, *Oxfam* (*Oxford Committee for Famine Relief*) fut créé en 1942 par des étudiants et citoyens de la ville d'Oxford en Angleterre pour apporter de la nourriture à la population grecque victime de l'occupation et du blocus nazis. Aujourd'hui, *Oxfam international* regroupe 14 organisations indépendantes dans différents pays.

282 'Racism /eɪ/ (le racisme)

- 'slavery : l'esclavage
- a slave /sleɪv/ : un esclave
- a com'munity : une communauté
- to segregate /'segrɪgeɪt/ : séparer
- segre'gation : la ségrégation
- to dis'criminate : faire de la discrimination (contre)
- to be discriminated against : subir une discrimination
- a 'prejudice : un préjugé
- to be 'prejudiced : avoir des préjugés
- to a'bolish : abolir
- to fight* : se battre
- inte'gration : l'intégration

After slavery was abolished in 1863 in the USA, black people were still discriminated against. Their community still has to fight against prejudices and racism.

Après que l'esclavage a été aboli en 1863 aux États-Unis, il y avait toujours une discrimination à l'encontre des noirs. Leur communauté doit encore se battre contre les préjugés et le racisme.

L'apartheid en Afrique du Sud

En Afrique du Sud, la politique de l'*apartheid* a rendu la ségrégation légale et obligatoire de 1948 à 1994. Les habitants, classés selon leur « race », ont été séparés dans tous les domaines (éducation, accès aux soins, transports). Mais opposition intérieure et embargo international ont finalement contraint le gouvernement du Parti national à mettre fin à l'*apartheid*. En 1994 eurent lieu les premières élections démocratiques multi-raciales et Nelson Mandela (1918-2013), farouche opposant de l'*apartheid*, devint Président.

283 'Violence (la violence)

- a bully /'bʊli/ : une petite brute, un tyran
- to bully : tyranniser, intimider
- an assault /ə'sɔːlt/ : une agression
- a 'murder : un meurtre
- a 'murderer : un assassin
- safe : sûr
- unsafe, 'dangerous : dangereux
- to investigate /ɪn'vestɪgeɪt/ : enquêter
- a clue /kluː/ : un indice
- the police /pə'liːs/ : la police
- the law /lɔː/ : la loi
- a judge : un juge
- a lawyer /'lɔɪə/ : un avocat
- a 'prison, a jail : une prison

284 War /wɔː/ (la guerre)

- the 'army : l'armée
- a soldier /'səʊldʒə/ : un soldat
- a 'weapon /we/ : une arme
- a 'victim : une victime
- a ci'vilian : un civil
- alive /ə'laɪv/ : vivant, en vie
- injured /'ɪndʒəd/ : blessé
- dead /ded/ : mort
- the casualties /'kæʒʊəltiz/ : les pertes
- to invade /ɪn'veɪd/ : envahir
- a refugee /refjʊ'dʒiː/ : un réfugié
- to flee* : fuir

285 Humanitarian aid (l'aide humanitaire)

- 'human rights : les droits de l'homme
- humanitarian /hjumæni'teəriən/ : humanitaire
- a 'charity : une organisation caritative
- an NGO (a non-governmental organisation) : une ONG (organisation non gouvernementale)
- to help : aider
- to give* : donner
- to share : partager
- to raise money : collecter de l'argent
- to donate /dəʊ'neɪt/ : donner, faire un don
- a do'nation : un don
- voluntary /'vɒləntri/ work : le bénévolat
- a volunteer /vɒlən'tɪə/ : un volontaire, un bénévole
- spare /speə/ time : le temps libre

@ Some people raise money for NGOs that help the victims of war, refugees or the poor. We can help by giving donations or taking part in humanitarian aid.

Certaines personnes collectent de l'argent pour des ONG qui aident les victimes de guerre, les réfugiés ou les pauvres. On peut aider en faisant des dons ou en prenant part à l'aide humanitaire.

Red nose day

Red nose day, littéralement « le jour du nez rouge », a débuté en 1988 en Grande-Bretagne. Il s'agit d'une opération qui a lieu tous les deux ans et qui, via la comédie et l'humour, permet de récolter des fonds pour des associations caritatives. Tout le pays participe, y compris la BBC qui diffuse une émission en direct pendant laquelle défilent de nombreux comiques.

Training

1 Complète les mots suivants en t'aidant de leur définition.

1. Elle arrive quand on ne mange pas :
H __ __ G __ R

2. De nombreux noirs l'étaient aux États-Unis avant 1863 :
S __ __ V __ S

3. On l'est quand on perd son emploi :
U __ __ __ P __ __ __ __ D

4. Il est dans une armée :
S __ L __ __ __ R

5. C'est le contraire de paix :
W __ __

2 Relie les mots suivants avec = s'ils sont de sens proche ou ≠ s'ils sont de sens contraire.

1. developing countries **...** developed countries
2. to give **...** to donate
3. segregation **...** integration
4. to segregate **...** to discriminate
5. unemployed **...** out of work
6. war **...** peace
7. dead **...** alive
8. a soldier **...** a civilian
9. unsafe **...** dangerous
10. to support **...** to encourage

1 1. hunger 2. slaves 3. unemployed 4. soldier 5. war
2 1. developing countries ≠ developed countries 2. to give = to donate 3. segregation ≠ integration 4. to segregate = to discriminate 5. unemployed = out of work 6. war ≠ peace 7. dead ≠ alive 8. a soldier ≠ a civilian 9. unsafe = dangerous 10. to support = to encourage

La communication

No news is good news.

Prov. : Pas de nouvelles, bonnes nouvelles.

286 Talking /ˈtɔːkɪŋ/ (parler)

- to speak* (to sb) : parler (à qqn)
- to say* (sth to sb) : dire (qqch. à qqn)
- to tell* sb sth : raconter qqch. à qqn
- to chat : bavarder
- to con'verse : converser
- to ex'change : échanger
- to express oneself : s'exprimer
- to com'municate : communiquer

- a word : un mot
- an idea /aɪˈdɪə/ : une idée
- a 'sentence : une phrase
- a speech : un discours

@)) "Can we talk?" "What do you want to tell me?" "I have spoken with your teacher and she said that you were chatting in class." "No way! I just communicate."

« On peut parler ? – Qu'est-ce que tu veux me dire ? – J'ai parlé à ton professeur et elle a dit que tu bavardais en classe. – Certainement pas ! Je ne fais que communiquer. »

287 As the dis'cussion progresses (au fil de la discussion)

- to dis'cuss (sth), to talk (about sth) : discuter (de qqch.)
- an opinion, a view : une opinion
- to a'gree with sb on sth : être d'accord avec qqn sur qqch.
- to disa'gree : ne pas être d'accord
- to be* right : avoir raison
- to be* wrong : avoir tort
- All right! D'accord !
- Deal! (fam.) Marché conclu !
- No deal! (fam.) Je ne marche pas !
- No way! Pas question !
- to be* against : être contre
- to approve /ə'pruːv/ (of) : approuver
- to sup'port : soutenir
- Well, … (Eh) bien…, Ben…
- Um, … Er, … Euh…
- So, … Donc…, Alors…
- You know… Tu sais… / Vous savez…
- I mean, … Je veux dire…
- Do you see what I mean?
  Tu vois/Vous voyez ce que je veux dire ?
- What I'm trying to say is... Ce que j'essaie de dire, c'est…
- How can I say this…? Comment dire… ?
- Er, let me think... Euh, laisse(z)-moi réfléchir…

@)) I'm shy, you know, but I'd like to… well, to ask you if you would go, I mean, go out with… er… me tonight. What I'm trying to say is that… er… I'd love to spend some time with… um… you.

Je suis timide, tu sais, mais j'aimerais… eh bien, te demander si tu voudrais bien aller, je veux dire, sortir avec… euh… moi, ce soir. Ce que j'essaie de dire, c'est que… euh… j'aimerais beaucoup passer du temps avec… euh… toi.

288 **Phoning** (téléphoner)

- a phone number : un numéro de téléphone
- a mobile phone (GB), a cell phone (US) : un téléphone portable
- to call, to phone : appeler
- to dial /daɪəl/ : composer
- to pick up (the receiver) : décrocher (le combiné)
- to reach : joindre
- an 'answering ma'chine : un répondeur
- to leave* a message /'mesɪdʒ/ : laisser un message

LES NUMÉROS DE TÉLÉPHONE

On lit généralement les numéros de téléphone séparément. Par exemple : 0800 088 056 se lira *oh – eight hundred – oh – double eight – oh – five – six.*
0 se dit *oh* ou *zero* (▸ 106).

289 **Writing** /'raɪtɪŋ/ (écrire)

- mail (indén.) : le courrier
- a text (message) : un texto, un SMS
- to text : envoyer des SMS
- a 'letter : une lettre
- a stamp : un timbre
- the ad'dress : l'adresse
- an 'envelope /ləʊp/ : une enveloppe
- a writing pad : un bloc [de papier]
- a post office : une poste, un bureau de poste
- a letterbox, a mailbox : une boîte aux lettres
- to post (GB), to mail (US) : poster
- to send* : envoyer
- to receive /ri'si:v/, to get* : recevoir
- a pen pal, a penfriend : un correspondant

- Dear... Cher..., Chère...
- Mr Smith /'mɪstə/ : M. Smith (Monsieur Smith)
- Mrs Smith /'mɪsɪz/ : Mme Smith (Madame Smith)
- Sir : Monsieur
- Madam : Madame
- Best regards : Cordialement

John Billton
7, Queen Victoria St. October, 12th
Abingdon

Dear Lucia,
I am your new pen pal. I'm called John and I live in Abingdon, in England. I'm very happy that you should be my pen pal. I hope we have a lot of common points.
Love,

John x x x

I have a pen pal who lives in Liverpool. I love receiving his letters, the envelopes are always special. But we also use the internet a lot to communicate.

J'ai un correspondant qui habite à Liverpool. J'adore recevoir ses lettres, les enveloppes sont toujours spéciales. Mais on utilise aussi beaucoup Internet pour communiquer.

LE COURRIER POSTAL

- À la fin d'une lettre écrite à un(e) ami(e), les anglophones mettent souvent des croix qui symbolisent l'affection qu'ils portent à la personne.
- En Grande-Bretagne, les boîtes aux lettres de la poste sont rouges ; en Irlande, elles sont vertes.

290 **Getting informed** (s'informer)

- the news (indén.) : les nouvelles
- a topic : un sujet
- 'topical : d'actualité
- a news item /aɪ/ : un fait divers
- infor'mation (indén.) : des informations, des renseignements
- to in'form : informer
- to get* in'formed : s'informer
- to hear* about : entendre parler de
- to be* about, to deal* with : parler de [pour un document]

CAREFUL!

News et *information* sont indénombrables malgré le *-s* à la fin de *news* (▸ 75) ! Pour dire « une nouvelle » ou « une information », il faut utiliser *a piece of...*

291 **Television and the radio** (la télévision et la radio)

- a 'radio 'station : une station de radio
- to turn on / to switch on the TV : allumer la télévision
- to turn off / to switch off the TV : éteindre la télévision
- the 8 o'clock news : le journal télévisé de 20 heures
- What's on? Qu'est-ce qu'il y a [à la télé] ?
- a 'channel : une chaîne
- a programme, a broadcast : une émission
- a re'port : un reportage
- a docu'mentary : un documentaire
- a 'serial : un feuilleton
- a TV 'series : une série télé
- a com'mercial : un spot publicitaire
- to 'broadcast* : diffuser
- a viewer /'vju:ə/ : un téléspectateur
- a (satellite) dish : une parabole

- to have* cable TV : avoir le câble
- to channel-hop : zapper

@)) "Hey John, what's on tonight?" "I think there is a documentary about dolphins on my favourite channel." "Oh, not that! I'd rather watch a series."

« Hé, John ! Qu'est-ce qu'il y a à la télé ce soir ? – Je crois qu'il y a un documentaire sur les dauphins sur ma chaîne préférée. – Oh non, pas ça ! Je préfèrerais regarder une série. »

LA BBC

Le réseau télévisé le plus important en Grande-Bretagne est la *BBC* (*British Broadcasting Corporation*), qui diffuse dans les régions (*BBC Wales*...) mais aussi au niveau national (*BBC1*, *BBC2*...) et international (*BBC World*). Vous pouvez écouter les podcasts sur Internet !

292 The press (la presse)

- a newspaper : un journal
- the newsagent : le marchand de journaux
- a maga'zine : un magazine
- a 'journal : une revue
- a daily : un quotidien
- the front page : la une
- a heading, a headline /'hedlaɪn/ : un titre
- an 'article : un article
- to 'publish : publier
- sen'sational : à sensation
- a subscription : un abonnement
- to take* out a subscription (to) : s'abonner (à)

For the English, the press is an important institution: a lot of English people either take out a subscription to a daily or a weekly, or buy one at the newsagent's.

Pour les Anglais, la presse est une institution importante : beaucoup d'Anglais soit s'abonnent à un quotidien ou un hebdomadaire, soit en achètent un au kiosque.

La presse britannique

En Grande Bretagne, la presse écrite est beaucoup lue ; certains quotidiens, comme *the Guardian*, *the Independent* ou *the Times*, représentent la presse de qualité (*quality press*), tandis que d'autres, comme *the Sun*, représentent la presse à sensation (*tabloids*). Vous pouvez les retrouver sur Internet : *www.thetimes.co.uk*, *www.independent.co.uk*.

293 The internet (Internet)

- a com'puter : un ordinateur
- a laptop (computer) : un (ordinateur) portable
- the keyboard /'kiːbɔːd/ : le clavier
- the mouse /maus/ : la souris
- the printer : l'imprimante
- ink : de l'encre
- software (indén.) : les logiciels
- a file /faɪl/ : un dossier
- a CD drive : un lecteur CD
- a memory stick, a flash drive : une clé USB
- an internet pro'vider : un fournisseur d'accès
- to surf the web : surfer sur le web
- a network : un réseau
- to log on : se connecter
- to down'load : télécharger
- to at'tach : joindre [un fichier]
- an at'tachment : un fichier joint

Training

1 Quel mot correspond à chacune de ces définitions ?

1. Elle est souvent symbolisée par une ampoule dans les B.D. : **...**
2. Il habite ailleurs et on lui écrit : **...**
3. Il paraît tous les jours : **...**
4. Il faut le coller sur l'enveloppe pour que la lettre arrive : **...**
5. On lui arrache des feuilles : **...**

2 Remets les lettres dans le bon ordre et fais correspondre à chaque mot sa définition.

1. CHAMTTTANE
2. CHAWNIEESGRNNAIM
3. TISSNOIBUCPR
4. REEIWV
5. LADI

☐ You can leave a message on it.
☐ He watches TV.
☐ You have to do it to phone someone.
☐ You can add it to an email.
☐ You can take one out if you want to receive a magazine regularly.

1 1. The idea 2. The pen pal/penfriend 3. The daily 4. The stamp 5. The writing pad

2 1. ATTACHMENT:
You can add it to an email.
2. ANSWERING MACHINE:
You can leave a message on it.
3. SUBSCRIPTION:
You can take one out if you want to receive a magazine regularly.
4. VIEWER:
He watches TV.
5. DIAL:
You have to do it to phone someone.

Créations et découvertes

«Tu sais qui a inventé le télescope ?
– Demande à Bob! C'est une encyclopédie ambulante!»

294 Works of art (les œuvres d'art)

- to create /kri'eɪt/ : créer
- to in'vent : inventer
- a painter : un peintre
- a painting : un tableau
- a sculptor : un sculpteur
- a statue /'stætʃuː/ : une statue
- a pho'tographer : un photographe
- a 'camera : un appareil photo
- a 'photo(graph) : une photo(graphie)
- a 'portrait : un portrait
- to draw* : dessiner
- a caricature /'kærɪkətʃʊə/ : une caricature
- a comic strip : une bande dessinée
- a cartoon : un dessin animé
- a picture /'pɪktʃə/ : une image
- a poster : une affiche
- an architect : un architecte
- a palace /'pæləs/ : un château, un palais
- a castle /'kɑːsl/ : un château
- a church : une église
- a cathedral /kə'θiːdrəl/ : une cathédrale
- a bridge : un pont

Christopher Wren is the architect who designed Saint Paul's Cathedral. It is located near the Thames and the Millenium Bridge, which was inaugurated in 2000.

Christopher Wren est l'architecte qui a fait les plans de la cathédrale Saint-Paul. Elle est située près de la Tamise et du pont du Millénaire qui a été inauguré en 2000.

CAREFUL!

Pour donner l'auteur d'une œuvre, on utilise la préposition *by*.

- a sculpture by Henry Moore
  une sculpture d'Henry Moore [sous-entendu : sculpted by...]

295 'Heroes and heroines (héros et héroïnes)

- Alice in 'Wonderland : Alice au pays des merveilles
- Cinde'rella : Cendrillon
- Snow White and the Seven Dwarfs/Dwarves : Blanche Neige et les sept nains
- Sleeping Beauty : la Belle au bois dormant
- Prince Charming : le Prince charmant
- Little Red Riding Hood : le Petit Chaperon rouge
- Robin Hood : Robin des bois
- Puss in Boots : le Chat botté
- Uncle Scrooge : Oncle Picsou

296 Science /aɪ/ (la science)

- a 'scientist : un scientifique
- scien'tific (adj.) : scientifique
- to study /ʌ/ : étudier
- a field : un domaine
- an ex'periment : une expérience

- a researcher : un chercheur
- re'search : la recherche
- a dis'covery : une découverte
- to dis'cover : découvrir
- a so'lution : une solution
- to prove /u:/ : prouver
- DNA : l'ADN
- GMOs (genetically modified organisms) : les OGM
- to clone : cloner

Scientists make discoveries concerning various fields such as chemistry or mathematics. Some make experiments in labs about GMOs and DNA. Some of their discoveries are exhibited in museums.

Les scientifiques font des découvertes concernant de nombreux domaines tels que la chimie ou les mathématiques. Certains font des expériences dans des laboratoires sur les OGM et l'ADN. Certaines de leurs découvertes sont exposées dans des musées.

Les musées londoniens

Londres compte de nombreux musées dont le *British Museum*, qui abrite des objets rares et des livres anciens, la *National Gallery* et la *Tate Gallery*, où se trouvent de très célèbres collections d'art, et aussi des musées scientifiques comme le *Science Museum* et le *Natural History Museum*.

Careful!

Les noms de sciences en *-ics* sont suivis d'un verbe au singulier.

- Physics is interesting.
  La physique est intéressante.

297 Space 'conquest (la conquête spatiale)

- the Earth /ɜːθ/ : la Terre
- the sky /aɪ/ : le ciel
- space /eɪ/ : l'espace
- the Sun : le Soleil
- the 'solar 'system : le système solaire
- the moon : la Lune
- a star : une étoile
- a 'planet : une planète
- a 'galaxy : une galaxie
- to re'volve : tourner
- a 'telescope : un télescope
- an as'tronomer : un astronome
- a spaceman : un astronaute
- a 'rocket : une fusée

Training

1 Associe chaque élément à sa catégorie. (Une recherche d'images sur Internet peut t'aider.)

1. Buckingham
2. the Golden Gate
3. Beauty and the Beast
4. Saint Paul's
5. Madame Tussaud's

☐ a cartoon
☐ a museum
☐ a cathedral
☐ a palace
☐ a bridge

2 Raye l'intrus dans chaque liste.

1. biology – discovery – geology – astronomy
2. DNA – GMOs – NGOs - cloning
3. to study – to revolve – to prove – to create
4. an experiment – a portrait – a statue – a painting

1 1. Buckingham : a palace 2. the Golden Gate : a bridge
3. Beauty and the Beast : a cartoon 4. Saint Paul's : a cathedral
5. Madame Tussaud's : a museum
2 1. discovery (ce n'est pas une science) 2. NGOs (NGO = Non-Governmental Organization, ce n'est pas en rapport avec la science) 3. to revolve (ce n'est pas une activité humaine) 4. an experiment (ce n'est pas une œuvre d'art)

Fêtes et traditions

«Des bonbons ou un sort ?»

298 Cele'brations (les célébrations, les fêtes)

- to 'celebrate : célébrer, fêter
- a candle /'kændl/ : une bougie
- the National Day : la fête nationale
- a bank/public 'holiday : un jour férié
- holidays (GB), va'cation (US) : les vacances
- a parade /pə'reɪd/ : un défilé
- a 'festival : une fête, un festival
- carnival /'kɑːnɪvl/ : le carnaval

Saluer, se présenter, inviter ▶ 191-195

In the USA, Independence Day is the National Day and a public holiday. That's why there are celebrations, parades and fireworks in every American city on July 4th.

Aux États-Unis, le jour de l'Indépendance est la fête nationale et un jour férié. C'est pourquoi il y des célébrations, des défilés et des feux d'artifice dans toutes les villes américaines le 4 juillet.

299 **Halloween** (October 31st)

- a costume /'kɒstjuːm/ : un déguisement
- to dress up : se déguiser
- 'scary : effrayant
- a witch : une sorcière
- a ghost : un fantôme
- a skeleton /'skelɪtən/ : un squelette
- an owl /aʊl/ : un hibou
- a 'spider : une araignée
- a pumpkin /'pʌmpkɪn/ : une citrouille
- a Jack-o'-lantern : une lanterne-citrouille
- sweets (GB), candy (US) : des bonbons
- to play a trick on sb : jouer un tour à qqn

UNE FÊTE AMÉRICAINE ?

La tradition d'*Halloween* a été importée aux États-Unis par les Irlandais. De nos jours, les Américains fêtent *Halloween* à l'école, au travail ou à la maison. Le soir du 31 octobre, les enfants sortent déguisés et frappent aux portes des maisons pour réclamer des friandises, menaçant leurs voisins d'un *trick or treat?*

300 **Guy Fawkes' Night, Bonfire Night** (November 5th)

- a con'spirator : un conspirateur
- a plot, a con'spiracy : un complot
- a treason /triːzn/ : une trahison
- gunpowder /'gʌnpaʊdə/ : de la poudre à canon
- Parliament /pɑːləmənt/ : le Parlement
- fireworks /'faɪəwɜːks/ : des feux d'artifice
- a 'bonfire : un feu de joie
- to burn* : brûler

A traditional nursery rhyme (Une comptine traditionnelle)

Remember, remember the fifth of November
Gunpowder, treason and plot.
I see no reason, why gunpowder treason
Should ever be forgot*.

Souviens-toi, souviens-toi du cinq novembre
Poudre à canon, trahison et complot,
Je ne vois aucune raison de jamais
oublier la trahison des poudres.

* Aujourd'hui, on dirait *forgotten*.

Le soir du 5 novembre

Ce soir-là, en Grande-Bretagne, on célèbre l'échec de la Conspiration des poudres (*Gunpowder plot*) menée contre le Parlement de Westminster et le roi protestant Jacques Ier (5 novembre 1605). Dans tout le pays, on tire des feux d'artifice et on embrase des feux de joie sur lesquels brûle l'effigie du plus célèbre des conspirateurs catholiques : Guy Fawkes.

301 Thanks'giving (4th Thursday in November in the USA)

- the 'Pilgrim fathers : les Pères pèlerins
- a settler : un colon
- 'Indians, Native A'mericans : les Indiens [d'Amérique]
- to 'harvest : récolter, moissonner
- corn, maize /eɪ/ : du maïs
- a turkey /'tɜːki/ : une dinde
- a 'cranberry : une airelle, une canneberge
- to thank /θæŋk/ : remercier
- to share /eə/ : partager

In the USA and Canada, Thanksgiving is an important day when families get together to share a nice meal. They traditionally eat turkey with cranberry sauce, potatoes, corn and pumpkin pie.

Aux États-Unis et au Canada, *Thanksgiving* est un jour important où les familles se réunissent pour partager un bon repas. Traditionnellement, ils mangent de la dinde avec de la sauce aux airelles, des pommes de terre, du maïs et de la tarte à la citrouille.

Le premier Thanksgiving

Partis de Plymouth (Angleterre) à bord du *Mayflower*, les Pères pèlerins arrivent en Amérique, dans ce qui est aujourd'hui l'État du Massachusetts, en novembre 1620. À l'automne 1621, pour célébrer la récolte abondante et remercier Dieu et les Indiens de leur aide, les Pères pèlerins organisent un grand repas qu'ils partagent avec leurs bienfaiteurs.

302 'Christmas (December 25th)

- Christmas Eve : la veille de Noël
- a Christmas tree : un sapin de Noël
- Father Christmas, Santa Claus : le père Noël
- Boxing Day : le lendemain de Noël [férié en Grande-Bretagne]
- a sleigh /sleɪ/ : un traîneau
- a 'reindeer (inv.) : un renne
- lights : des lumières
- holly : du houx
- mistletoe /'mɪsltəʊ/ : du gui
- a 'present, a gift : un cadeau
- Christmas 'pudding : le pudding [dessert de Noël]
- Christmas 'carols : des chants de Noël

On Christmas Eve, my little sister dreams of seeing Santa Claus crossing the sky above the house on his sleigh full of presents. Her favourite reindeer is Rudolf, of course.

La veille de Noël, ma petite sœur rêve de voir le Père Noël traverser le ciel au-dessus de la maison sur son traîneau rempli de cadeaux. Son renne préféré est Rudolf, bien sûr.

Le repas de Noël en Grande-Bretagne

Au déjeuner, chaque convive trouve un *Christmas cracker* près de son couvert. Il l'ouvre en tirant chaque extrémité pour découvrir une couronne de papier, un petit cadeau et une blague à partager. Au dessert, on mange souvent le *Christmas pudding*. À base de fruits secs, il se fait longtemps à l'avance : le dimanche précédant l'Avent (le *Stir Up day*), toute la famille «tourne» le pudding, en faisant un vœu.

303 Valentine's Day (February 14th)

- a 'Valentine /aɪ/ (card) : une carte de la Saint-Valentin
- to love : aimer
- to kiss : embrasser
- 'friendship : l'amitié
- an ad'mirer /aɪ/ : un admirateur
- a 'boyfriend : un petit ami
- a 'girlfriend : une petite amie
- a heart /'hɑːt/ : un cœur

On Valentine's day, British people give Valentines to their girlfriend or boyfriend, but also to the people they like. Sometimes, they get a card from a secret admirer.

Le jour de la Saint-Valentin, les Britanniques offrent des cartes à leur petit(e) ami(e), mais aussi aux personnes qu'ils aiment bien. Parfois ils reçoivent une carte d'un admirateur secret.

304 St Patrick's Day (March 17th)

- Ireland /ˈaɪələnd/ : l'Irlande
- Irish : irlandais
- a Patron Saint : un saint patron
- green : vert
- a 'shamrock : un trèfle [irlandais]
- a leprechaun /ˈleprɪkɔːn/ : un farfadet, un lutin

St Patrick's Day is a celebration of Irish culture throughout the world. On March 17th, Irish people parade in the streets, wearing green, shamrocks or costumes of Leprechauns.

La Saint-Patrick célèbre la culture irlandaise dans le monde entier. Le 17 mars, les Irlandais défilent dans les rues, portant du vert, des trèfles ou des costumes de farfadets.

Saint Patrick

Célébré le 17 mars, fête nationale en Irlande, le saint patron des Irlandais est né en Grande-Bretagne vers 385. Kidnappé par des pirates irlandais vers l'âge de 16 ans, il passe quelques années de captivité en Irlande puis s'en échappe en 411. Il y revient en 432 pour évangéliser le pays et utilise le trèfle (*shamrock*) pour expliquer la Trinité dans la religion catholique. Il meurt le 17 mars 461.

305 Easter /ˈiːstə/ (Pâques)

- the Holy week : la semaine sainte
- Good Friday, Holy Friday : le Vendredi saint
- 'chocolate : du chocolat
- an egg hunt : une chasse aux œufs
- the Easter bunny/hare : le lapin de Pâques

- to hide* /aɪ/ : cacher
- a 'basket : un panier
- a bell : une cloche
- 'jellybeans : des bonbons dragéifiés

306 Other important dates (d'autres dates importantes)

- New Year's Day (January 1st) : le Nouvel An
- Shrove Tuesday, Pancake Day : Mardi gras
- April Fools' Day (April 1st) : le 1er avril
- Labour (GB)/Labor (US) Day : la fête du travail
- Inde'pendence Day (July 4th) : le jour de l'Indépendance (États-Unis)
- Remembrance Day (November 11th), Poppy Day : le jour du souvenir, l'armistice

Le monde anglophone ▶ 307-313

Training

1 Retrouve le mot qui correspond à chaque image.

1. ...

2. ...

3. ...

4. ...

2 De quelle fête s'agit-il ?

1. On that day, in the morning, you usually find lots of presents under a tree. ...

2. This is a special night in autumn with fireworks in the sky of Britain. ...

3. This is a special night in autumn when you can see your neighbours in scary costumes. ...

4. It isn't in December, but on that day, American people often eat turkey. ...

5. This is a special Sunday when children get chocolate and sweets. ...

6. This is the National Day in Ireland. ...

7. On that day, people wear a poppy (*un coquelicot*) to remember the people who died in the wars. ...

8. This is a day in spring when you can play tricks on a lot of people. ...

1 1. a pumpkin, a Jack-o'-lantern 2. a bell 3. a present, a gift 4. a candle

2 1. Christmas 2. Guy Fawkes' Night, Bonfire Night 3. Halloween 4. Thanksgiving 5. Easter 6. Saint Patrick's Day 7. Remembrance Day, Poppy Day 8. April Fools' Day

Le monde anglophone

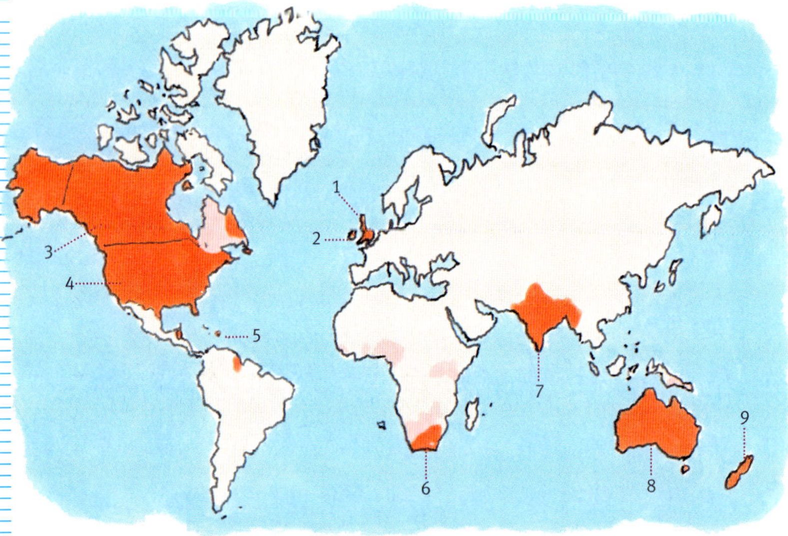

1. the United Kingdom 2. the Republic of Ireland 3. Canada
4. the United States of America 5. Jamaica 6. South Africa 7. India
8. Australia 9. New Zealand

307 The main countries (les principaux pays)

country	nationality	capital city
the U'nited 'Kingdom	British	London
the Re'public of Ireland /'aɪələnd/ (Eire)	Irish /'aɪrɪʃ/	Dublin
the U'nited States of A'merica (U.S.A)	A'merican	Washington D.C.
'Canada	Canadian /kə'neɪdiən/	Ottawa
Ja'maica	Ja'maican	Kingston
South 'Africa	South 'African	Pretoria Cape Town
Aus'tralia	Aus'tralian	Canberra
New Zealand /'zi:lənd/	New Zealand(er)	Wellington
'India	'Indian	New Delhi

@)) Nauru is the smallest English-speaking country in the world, with only 10,000 inhabitants. This island is located in the South Pacific Ocean, in Oceania. Its surface area is only 21 square kilometres!

Nauru est le plus petit pays anglophone du monde, avec seulement 10 000 habitants. Cette île est située dans l'océan Pacifique Sud, en Océanie. Sa surface est de seulement 21 kilomètres carrés !

CAREFUL!

Quand on note un prix en livres sterling, le symbole s'écrit avant le nombre : on écrit *£10.99* mais on dit *ten pounds ninety-nine*. Si on lit *1 p.*, il s'agit d'un *penny*; si on lit *5 p.*, il s'agit de *five pence* (pluriel irrégulier).

308 **Coloni'sation** (la colonisation)

- the British Empire /'empaɪə/ : l'Empire britannique
- an ex'plorer : un explorateur
- to ex'plore : explorer
- a sailor : un navigateur, un marin
- to dis'cover : découvrir
- a 'conquest : une conquête
- an in'habitant : un habitant
- inhabited : habité
- uninhabited : inhabité
- to settle : s'installer
- a 'settler : un pionnier, un colon
- a 'colony, a 'settlement : une colonie
- to govern, to rule, to run* : gouverner, diriger
- to set* foot (in) : poser le pied (sur)
- inde'pendence : l'indépendance

De l'Empire britannique au Commonwealth

Au XIXe siècle, à l'époque de la reine Victoria, l'Empire britannique était le plus vaste et le plus puissant du monde. Après avoir acquis leur indépendance, la plupart des anciennes colonies ont rejoint le Commonwealth, qui regroupe aujourd'hui 54 pays. Les États-Unis, devenus indépendants bien avant sa création, n'en font pas partie.

309 The United Kingdom (UK) (le Royaume-Uni)

the United Kingdom	city	nationality
(Great) Britain (GB) la Grande-Bretagne (England + Scotland + Wales)	London	British
England l'Angleterre	London	English (+ British)
Scotland l'Écosse	Edinburgh	Scottish (+ British)
Wales le pays de Galles	Cardiff	Welsh (+ British)
Northern Ireland (Ulster) l'Irlande du Nord	Belfast	Irish (+ British)

Le drapeau britannique

England Scotland Ireland Union Jack (UK)

- the British Isles /aɪlz/ : les îles Britanniques
- the Queen : la reine
- the King : le roi
- the royal /ˈrɔɪəl/ family : la famille royale

- a monarchy /'mɒnəki/ : une monarchie
- the Prime /aɪ/ 'Minister : le Premier ministre
- parlia'mentary : parlementaire
- an M.P. (Member of Parliament) : un député
- the House of Commons :
  la Chambre des communes [pouvoir législatif]
- a motto : une devise
- a national anthem /'ænθəm/ : un hymne national

@)) The United Kingdom is a parliamentary monarchy: the Queen or King is the official Head of State, but the power is in the hands of the Prime Minister and the House of Commons.

Le Royaume-Uni est une monarchie parlementaire : la reine ou le roi est le chef de l'État officiel, mais le pouvoir est entre les mains du Premier ministre et de la Chambre des communes.

LE MONARQUE D'ANGLETERRE

Le monarque d'Angleterre et du Royaume-Uni n'a pas de réel pouvoir politique, mais il est à la fois chef de l'État, des forces armées, de l'église anglicane et du Commonwealth. Sa résidence officielle principale est le palais de Buckingham à Londres.

310 The Republic of Ireland (la République d'Irlande)

- the Emerald /'emərəld/ Isle : l'île émeraude
- Eire /'eərə/ : l'Eire [autre nom de la République d'Irlande]
- an Irish pub : un pub irlandais
- the Celts /'kelts/ : les Celtes
- Gaelic /'geɪlɪk/ (a Celtic language) : le gaélique (langue celte)

Fêtes et traditions ▶ 298-306

Une île, deux pays

Depuis 1921, l'île est divisée en deux : l'Irlande du Nord ou *Ulster* (dont les habitants sont majoritairement protestants et qui fait partie du Royaume-Uni) et la République d'Irlande ou *Eire*, en grande partie catholique.

311 The United States of America (les États-Unis)

- 'Native A'mericans, Indians : les Indiens (d'Amérique)
- a star : une étoile
- a stripe /aɪ/ : une bande, une rayure
- the star-spangled banner : la bannière étoilée
- the American Dream /iː/ : le rêve américain
- 'freedom, 'liberty : la liberté
- the Revo'lutionary War, the War of Independence (1775-1783) : la guerre d'Indépendance
- the Gold Rush /ʌ/ (1850s) : la Ruée vers l'or
- the Civil War (1861-1865) : la guerre de Sécession
- the White House : la Maison Blanche
- the House of Repre'sentatives : la Chambre des représentants
- the Senate /'senət/ : le Sénat

Fêtes et traditions ▶ 298-306

La guerre d'indépendance

Les États-Unis sont nés le 4 juillet 1776, jour où les treize colonies britanniques d'Amérique ont proclamé leur indépendance. Mais les soldats du roi d'Angleterre n'ont capitulé qu'en 1783, alors que les troupes américaines, aidées par les Français et le général Lafayette, étaient sous le commandement d'un certain général Washington.

312 Australia (l'Australie)

- the Southern /'sʌðən/ 'hemisphere: l'hémisphère sud
- the Abo'rigines, the Abo'riginals: les Aborigènes
- aboriginal /æbə'rɪdʒənl/ : aborigène
- a trail /eɪ/, a track : une piste
- the great Barrier /'bæriə/ Reef : la Grande Barrière de corail
- the Outback /'aʊtbæk/ : la brousse australienne
- a cattle station : un ranch australien

313 India (l'Inde)

- an empress : une impératrice
- the English-speaking elite /ɪ'liːt/ : l'élite anglophone
- Pakis'tan : le Pakistan
- the East India 'Company : la compagnie des Indes orientales
- mon'soon : la mousson
- Indian cui'sine : la cuisine indienne
- a sari /'sɑːri/ : un sari [vêtement traditionnel]
- the film 'industry (Bollywood) : l'industrie cinématographique

@)) India has changed a lot since the time when Queen Victoria was Empress of India, but the English-speaking elite still rules the country. Nowadays, the country is famous among other things for its film industry called Bollywood (*Bombay* + *Hollywood*).

L'Inde a beaucoup changé depuis l'époque où la reine Victoria était impératrice des Indes mais l'élite anglophone dirige toujours le pays. De nos jours, le pays est célèbre entre autres pour son industrie cinématographique appelée Bollywood.

GANDHI ET L'INDÉPENDANCE DE L'INDE

Gandhi, souvent dénommé *Mahatma* (mot sanskrit signifiant « grande âme »), adepte de la non-violence, débuta sa campagne contre la domination britannique en Inde en 1920. L'indépendance fut acquise en 1947, date à laquelle les Indes britanniques furent séparées en deux pays : l'Inde et le Pakistan. L'anniversaire de Gandhi (2 octobre) est le jour de la fête nationale en Inde.

Training

1 Coche le nom des pays qui font partie du Royaume-Uni.

- ☐ Eire
- ☐ Ulster
- ☐ England
- ☐ Scotland
- ☐ Poland
- ☐ Wales
- ☐ the USA
- ☐ New Zealand
- ☐ Australia
- ☐ Canada
- ☐ Republic of Ireland
- ☐ Northern Ireland

2 Écris le nom du lieu anglophone qui correspond à chaque liste.

1. monarchy – London – the rose – Cross of St George : ...
2. Emerald Isle – St Patrick – catholic – Dublin : ......
3. United Kingdom – Cross of St Patrick – Ireland – Belfast : ...
4. United States – Western coast – Los Angeles – film industry : ...
5. British Empire – rupee – Gandhi – Bollywood : ...

1 England – Scotland – Wales – Ulster – Northern Ireland

2 1. England 2. Republic of Ireland (Eire) 3. Northern Ireland (Ulster) 4. Hollywood 5. India

Annexes

- Prononciation
- Verbes irréguliers
- Index

Prononciation

Il faut apprendre comment les mots se prononcent car on ne peut pas le deviner : pour savoir comment se prononce un mot, on peut chercher sa transcription phonétique dans un dictionnaire ou un ouvrage de vocabulaire et on peut la noter dans son cahier ou son classeur pour la mémoriser.

Tous les exemples qui suivent sont enregistrés sur le site www.bescherelle.com.

314 Les sons

Voyelles brèves

/ɪ/	pig	entre le /e/ de « pré » et le /i/ de « riz ».
/e/	hen	entre le /e/ de « pré » et le /ɛ/ de « crème ».
/æ/	cat	« a » prononcé avec la bouche bien ouverte, proche du /a/ de « malade ».
/ɒ/	dog	« o » prononcé la bouche ouverte comme pour prononcer le /ɑ/ de « pâte ».
/ʊ/	good	plus bref que le /u/ français de « poule », par exemple.
/ʌ/	bus	entre le /ɑ/ de « pâte » et le /a/ de « malade ».
/ə/	about	se prononce comme le /ə/ de « petit ».

CAREFUL!

/ə/ est le son le plus employé de la langue anglaise. Et pourtant on l'entend à peine !

Voyelles longues

- Les sons longs sont matérialisés par /ː/.

/iː/ beach /ɑː/ car /ɔː/ more /uː/ moon /ɜː/ bird

• Il est important de ne pas confondre les sons qui se distinguent surtout par leur longueur, cela change tout !

ship /ɪ/ ≠	sheep /iː/	pull /ʊ/ ≠	pool /uː/
le bateau	le mouton	tirer	le bassin

Diphtongues

• Une diphtongue est l'association de **deux** sons vocaliques (voyelles).

/eɪ/	m**a**ke	/ɔɪ/	b**oy**	/aʊ/	h**ou**se	/eə/	h**air**
/aɪ/	f**i**ve	/əʊ/	n**o**te	/ɪə/	d**ear**	/ʊə/	p**oor**

• Une diphtongue peut être suivie de /ə/.

/aɪə/	f**ire**	/aʊə/	p**ower**	/eɪə/	pl**ayer**	/əʊə/	l**ower**

Consonnes

• Les consonnes suivantes ne posent pas de difficulté de lecture.

/b/	**b**ed	/g/	**g**a**g**	/k/	**k**i**ck**	/n/	**n**i**n**e	/s/	**s**ee	/w/	**w**ater
/d/	**d**ear	/h/	**h**ouse	/l/	mi**l**e	/p/	**p**at	/t/	**t**ime	/z/	sei**z**e
/f/	**f**ive	/j/	**y**oga	/m/	**m**ile	/r/	**r**ed	/v/	**v**iew		

CAREFUL!

• /d/ et /t/ se prononcent en anglais avec la langue contre le palais, et non contre les dents comme en français.
• /h/ se prononce presque toujours en anglais.
• Le son /r/ est très différent en anglais et en français. Le /r/ anglais est assez proche du /w/ de « whisky », mais la gorge est plus serrée.

• Il faut retenir les symboles phonétiques /ŋ/, /ʃ/ et /ʒ/ car ils ne ressemblent pas aux lettres de l'alphabet.

/ŋ/	sitti**ng**	comme dans « parking »
/ʃ/	**sh**ine	comme dans « cheval »
/ʒ/	plea**s**ure	comme dans « juin »

• Les symboles /ð/ et /θ/ nécessitent une attention particulière car les sons auxquels ils correspondent n'ont **aucun** équivalent en français.

/ð/	**th**is	proche du /z/ mais la langue sous les dents du haut
/θ/	**th**irsty	proche du /s/ mais la langue sous les dents du haut

315 Le mot

L'accent de mot (')

• Chaque mot de plus d'une syllabe comporte une syllabe plus accentuée que les autres. C'est celle qui porte **l'accent de mot**. La place de l'accent de mot s'apprend en anglais, comme on apprend le genre (masculin/féminin) dans d'autres langues.

a desert /ˈdezət/ ≠ a dessert /diˈzɜːt/ un désert ≠ un dessert

• La syllabe accentuée a un son vocalique prononcé. Les sons vocaliques des autres syllabes sont souvent réduits aux sons /ə/ ou /ɪ/.

comfortable /ˈkʌmfətəbl/ courage /ˈkʌrɪdʒ/

Le groupe « voyelle + consonne + e »

Le groupe **voyelle + consonne** se prononce souvent différemment selon qu'il est ou non suivi d'un e.

fat /æ/ ≠ fate /eɪ/ Tim /ɪ/ ≠ time /aɪ/
pal /æ/ ≠ pale /eɪ/ bit /ɪ/ ≠ bite /aɪ/

Les suffixes *-ion, -ic(s), -ity*

Les suffixes *-ion, -ic(s), -ity* (suffixes « forts ») déplacent l'accent de mot sur la syllabe qui les précède.

-ion	-ic(s)	-ity
i'magine → imagi'nation	'science → scien'tific	'nation → natio'nality

CAREFUL!

Tous les suffixes ne sont pas forts : ***-able, -ible, -ism, -ment...*** (suffixes « faibles ») n'ont pas d'incidence sur la place de l'accent de mot.
'comfort → 'comfortable 'critic → 'criticism 'govern → 'government

La terminaison *-ed* (prétérit et participe passé)

/t/	après /f/, /k/, /p/, /s/ et /ʃ/	topped, practiced, washed
/ɪd/	après /t/ et /d/	wanted, added
/d/	après les autres consonnes et après toutes les voyelles	robbed, banned, squeezed, played

La terminaison -*s*

Le ***s*** du pluriel, le ***s*** de la 3e personne du singulier au présent et le ***s*** du génitif suivent les mêmes règles de prononciation.

/s/ après /f/, /k/, /p/, /t/	cliffs, works, Patrick's, caps, cuts
/ɪz/ après /s/, /ʃ/, /z/, /dʒ/	cases, watches, pleases, pages
/z/ dans tous les autres cas et en particulier après une voyelle	gags, flowers, plays, cleans, Paul's

Le groupe « voyelle + r + consonne »

Le **r** précédant une consonne ne se prononce pas en anglais britannique, mais allonge généralement le son vocalique qui le précède.

car /kɑː/ part /pɑːt/ port /pɔːt/ fork /fɔːk/ fur /fɜː/ bird /bɜːd/

Les noms composés

Les noms composés (nom + nom) sont généralement accentués sur le premier nom.

'football 'copybook 'pencil case

L'accent américain

le r en fin de syllabe	driver	/ˈdraɪvə/ (GB)	/ˈdraɪvər/ (US)
le a	I can't France grass	/ˈkɑːnt/ (GB) /ˈfrɑːns/ (GB) /grɑːs/ (GB)	/ˈkænt/ (US) /ˈfræns/ (US) /græs/ (US)
le o de dog	dog	/dɒg/ (GB)	/dɑːg/ (US)

316 La phrase

L'accentuation des mots

• Généralement, dans une phrase, les **mots grammaticaux** d'une syllabe (auxiliaires, déterminants...) ne sont pas accentués. Seuls les **mots porteurs de sens** (noms, adjectifs, verbes lexicaux) le sont.

– I've never **seen John's sister**. /aɪv nevə 'siːn 'dʒɒnz 'sɪstə/
Je n'ai jamais vu la sœur de John. [Les mots non graissés ne sont pas accentués.]

• Ainsi, ***be***, ***have*** et ***do***, comme auxiliaires, ne portent pas d'accent.

– He has /əz/ finished his essay. Il a terminé sa dissertation.

• Mais en fin de phrase, ***be***, ***have*** et ***do*** sont accentués.

– I don't know if you have finished, but I **have** /hæv/.
Je ne sais pas si tu as fini, mais moi, si.

• Néanmoins il arrive que l'on fasse porter **l'accent sur un mot grammatical,** pour insister.

– Don't touch this! It's my bag.
Ne touche pas à ça ! C'est mon sac. [On insiste sur le fait que c'est « à moi ».]

Les groupes de souffle

Il est important de prononcer la phrase sans la couper n'importe où. On appelle **groupes de souffle** les groupes de mots qui correspondent à des unités de sens.

– You **keep** telling me / you never **lose** anything!
Tu n'arrêtes pas de me dire que tu ne perds jamais rien !

CAREFUL!

Une erreur de prononciation courante est d'ajouter des « h » au début des mots, alors qu'il n'y en a pas... Il faut souvent faire les liaisons et ne pas détacher les mots les uns des autres, particulièrement dans la lecture à haute voix.

L'intonation en fin de phrase

• Une phrase affirmative a une intonation **descendante**... sauf si elle est inachevée.

– I like English very much. ↘
J'aime beaucoup l'anglais.

– I want your book, your pencil case, your schoolbag... ↗
Je veux ton livre, ta trousse, ton cartable...

• Une question commençant par un mot interrogatif (*where*, *when*...) a une intonation **descendante**.

– Where do you live? ↘
Où est-ce que tu habites ?

• Mais une *yes/no question*, commençant par un auxiliaire, a une intonation **montante**.

– Do you like tea? ↗
  Tu aimes le thé ?

• Une reprise brève (avec auxiliaire) change de sens en fonction de l'intonation en fin de phrase.

– "He's the best pupil in his class." "Is he?" ↗ [étonnement sincère]
– "He's the best pupil in his class." "Is he?" ↘ [étonnement feint, ironie]

Le schéma intonatif

On appelle **schéma intonatif** ce qui permet d'exprimer des émotions comme la colère, la surprise... La même phrase peut être prononcée différemment selon l'émotion du locuteur.

– My sister married John Auster last summer.
  [ton neutre]
– My sister married John Auster last summer.
  [ton en colère : plus grave, peu d'amplitude]

317 Comment passer de l'écrit à l'oral

Pour préparer efficacement un passage de l'écrit à l'oral, il faut :

Chercher la transcription phonétique des mots que tu utilises et que tu n'as jamais entendu prononcer, pour ne pas les écorcher... et pour apprendre la place de l'accent de mot.

Penser à « réduire » les syllabes non accentuées et les mots grammaticaux.

Dégager les groupes de souffle pour ne pas stopper ta lecture ou récitation à un moment inopportun.

Ne pas détacher les mots ni les lire un par un. (Attention aux « h » superflus !)

Soigner l'intonation, en particulier en fin de phrase, en fonction de ce que tu veux exprimer.

T'entraîner à voix haute.

Verbes irréguliers

Figurent en gras les verbes à apprendre en priorité.

infinitif	prétérit	part. passé	sens
be	**was, were**	**been**	**être**
bear /eə/	bore	borne be born	porter naître
beat	beat	beaten	battre
become	**became**	**become**	**devenir**
begin	**began**	**begun**	**commencer**
bite /aɪ/	bit /ɪ/	bitten /ɪ/	mordre
bleed	bled	bled	saigner
blow	blew	blown	souffler
break	**broke**	**broken**	**casser**
bring	brought /ɔː/	brought /ɔː/	apporter
build /ɪ/	built	built	construire
burn	burned, burnt	burned, burnt	brûler
burst	burst	burst	éclater
buy	**bought** /ɔː/	**bought** /ɔː/	**acheter**
catch	caught	caught	attraper
choose /uː/	chose /əʊ/	chosen /əʊ/	choisir
come	**came**	**come**	**venir**
cost	cost	cost	coûter
cut	cut	cut	couper
deal /iː/	dealt /e/	dealt /e/	distribuer
do	**did**	**done**	**faire**
draw	drew	drawn	dessiner / tirer
dream /iː/	dreamed, dreamt /e/	dreamed, dreamt /e/	rêver
drink	**drank**	**drunk**	**boire**
drive	drove	driven	conduire
dwell	dwelled, dwelt	dwelled, dwelt	résider
eat	**ate** /eɪ/	**eaten**	**manger**
fall	fell	fallen	tomber
feed	fed	fed	nourrir
feel	felt	felt	ressentir
fight	fought /ɔː/	fought /ɔː/	combattre

infinitif	prétérit	part. passé	sens
find	found	found	trouver
flee	fled	fled	fuir
fling	flung	flung	lancer
fly	flew	flown	voler (avec des ailes)
forbid	forbade	forbidden	interdire
forget	**forgot**	**forgotten**	**oublier**
freeze	froze	frozen	geler
get	**got**	**got / gotten** (US)	**obtenir**
give	**gave**	**given**	**donner**
go	**went**	**gone**	**aller**
grow	grew	grown	(faire) pousser
hang	hung	hung	pendre
have	**had**	**had**	**avoir**
hear /ɪə/	**heard** /ɜː/	**heard** /ɜː/	**entendre**
hide /aɪ/	hid /ɪ/	hidden /ɪ/	cacher
hit	hit	hit	frapper
hold /əʊ/	held	held	tenir
hurt /ɜː/	hurt	hurt	faire mal
keep	kept	kept	garder
know /nəʊ/	**knew** /njuː/	**known**	**savoir / connaître**
lay	laid	laid	étendre / poser
lead /iː/	led	led	mener
learn	learned, learnt	learned, learnt	apprendre
leave	**left**	**left**	**quitter**
lend	lent	lent	prêter
let	let	let	laisser / louer
lie	lay	lain	être allongé
lose /uː/	lost /ɒ/	lost /ɒ/	perdre
make	**made**	**made**	**faire**
mean /iː/	meant /e/	meant /e/	vouloir dire
meet /iː/	met /e/	met /e/	rencontrer
mow	mowed	mowed, mown	tondre
pay	paid	paid	payer
put	put	put	poser
read /iː/	**read** /e/	**read** /e/	**lire**
ride	rode	ridden	aller à cheval / à bicyclette

infinitif	prétérit	part. passé	sens
ring	rang	rung	sonner
rise	rose	risen	se lever
run	**ran**	**run**	**courir**
say /eɪ/	**said** /e/	**said** /e/	**dire**
see	**saw**	**seen**	**voir**
sell	sold	sold	vendre
send	sent	sent	envoyer
set	set	set	placer / fixer
shine	shone	shone	briller
shoot	shot	shot	tirer / abattre
show	showed	showed, shown	montrer
shut	shut	shut	fermer
sing	sang	sung	chanter
sit	sat	sat	être assis
sleep /iː/	slept /e/	slept /e/	dormir
smell	smelled, smelt	smelled, smelt	sentir
speak	**spoke**	**spoken**	**parler**
spend	**spent**	**spent**	**passer/dépenser**
split	split	split	fendre / séparer
spread /e/	spread	spread	étaler
stand	stood	stood	être debout
steal	stole	stolen	voler, dérober
strike	struck	struck	frapper
sweep	swept	swept	balayer
swim	swam	swum	nager
take	**took**	**taken**	**prendre**
teach	taught	taught	enseigner
tell	**told**	**told**	**dire / raconter**
think	**thought**	**thought**	**penser**
throw /əʊ/	threw /uː/	thrown /əʊ/	lancer
understand	**understood**	**understood**	**comprendre**
wake up	waked up, woke up	waked up, woken up	(se) réveiller
wear /eə/	wore	worn	porter (vêtement)
weep	wept	wept	pleurer
win	**won** /ʌ/	**won** /ʌ/	**gagner**
write /raɪt/	**wrote** /rəʊt/	**written** /ˈrɪtən/	**écrire**

Index

Les numéros renvoient aux paragraphes.

Achevé d'imprimer par Rotolito Lombarda à Seggiano di Pioltello (MI) Italie
Dépôt légal: 987533/02 - Novembre 2015